NATUR UND TECHNIK

Grundschulwissen

Dorling Kindersley
London, New York, Melbourne, München und Delhi

Englische Originalausgabe erschienen bei:
Kingfisher, an imprint of Macmillan Children's Books

Für die deutsche Ausgabe:
Programmleitung Monika Schlitzer
Projektbetreuung Martina Glöde
Herstellungsleitung Dorothee Whittaker
Herstellung Gerd Wiechcinski
Covergestaltung Hauptmann & Kompanie, München - Zürich

Bibliografische Information Der Deutschen Bibliothek
Die Deutsche Bibliothek verzeichnet diese Publikation in der
Deutschen Nationalbibliografie;
detaillierte bibliografische Daten sind im Internet über
http://dnb.ddb.de abrufbar.

Titel der englischen Originalausgabe:
Everything you need to know about science

© Macmillan Children's Books 2009

© der deutschsprachigen Ausgabe by
Dorling Kindersley Verlag GmbH, München, 2010
Alle deutschsprachigen Rechte vorbehalten

Übersetzung Birgit Reit
Lektorat Manuela Knetsch
Satz Beate Fellner

ISBN 978-3-8310-1581-8

Printed in China

Besuchen Sie uns im Internet
www.dk.com

Hinweis
Die Informationen und Ratschläge in diesem Buch
sind von den Autoren und vom Verlag sorgfältig erwogen und geprüft,
dennoch kann eine Garantie nicht übernommen werden.
Eine Haftung der Autoren bzw. des Verlags und seiner Beauftragten
für Personen-, Sach- und Vermögensschäden ist ausgeschlossen.

NATUR UND TECHNIK

Grundschulwissen

Dr. Mike Goldsmith

Dorling Kindersley

Inhalt

Lebewesen

Der Weltraum

Mehr als ein Lexikon!

Dieses Buch steckt nicht nur randvoll mit Wissenswertem, es hält auch jede Menge tolle Extras bereit: Zusatz-Infos für Superschlaue, erstaunliche Fakten, hilfreiche Worterklärungen, knifflige Fragen mit faszinierenden Antworten und viele Bastel- und Spielideen. Viel Spaß!

▶ Wissens-Box

Die Kästchen mit Ausrufezeichen enthalten spannende Zusatz-Informationen zu den Themen, die auf den Lexikonseiten behandelt werden. Diese Wissens-Box stammt aus dem Kapitel „Zahlen und Formen". Du findest sie auf Seite 22.

Eiform

Viele Meeresvögel, die auf Klippen nisten, legen Eier, die an einem Ende viel spitzer zulaufen als am anderen. Aufgrund ihrer Form rollen diese Eier immer im Kreis, wenn sie angestoßen werden, sodass sie nicht von der Klippe stürzen.

Für Superschlaue

Das Innere der Erde

Der Erdboden und die Ozeane bilden eine sehr dünne Schicht auf einer felsigen Unterlage. Darunter liegt der Erdmantel aus Gesteinen und darunter heißes, flüssiges Metall. Der Kern besteht aus sehr heißem, festem Metall.

◀ Superschlau-Box

Der Blitz zeigt an, wo du Hintergrund-Informationen zu aufregenden wissenschaftlichen Themen findest. Diese Box stammt aus dem Kapitel „Der Weltraum". Du findest sie auf Seite 136.

WORTSCHATZ

Rotor
Ein Teil einer Maschine, das sich dreht.

Hebel
Eine einfache Maschine, die den Kraftaufwand verringert.

◄ Wortschatz-Zettel

Manche Begriffe sind so schwierig, dass man sie näher erklären muss. Deswegen findest du im Buch immer wieder solche praktischen Wortschatz-Zettel. Dieser gehört in das Kapitel „Wissenschaft im Alltag". Du findest ihn auf Seite 49.

► Fragekreis

Sicher gibt es vieles, was dich brennend interessiert. Viele spannende Fragen werden im Fragekreis beantwortet. Dieser stammt aus dem Kapitel „Die stoffliche Welt". Du findest ihn auf Seite 88.

? IST DAS VERBRENNEN SCHÄDLICH?

Wenn wir Öl, Gas und Kohle verbrennen, wird die Umwelt erwärmt und verschmutzt. Man kann Energie auch aus Wasser, Sonne oder Wind erzeugen.

► Findest du's?

Hiermit testest du, was du auf den Bildern alles entdecken und benennen kannst. Dieses „Findest du's?" gehört in das Kapitel „Die Lebewesen" auf Seite 98.

FINDEST DU'S?
1. Blätter
2. 2 Zungen
3. Flügel
4. Wurzeln
5. Schnäbel
6. Seerosenblätter

▶ Ideen-Ecke

Achte auf den Farbklecks! Er zeigt an, dass es wieder einmal etwas Tolles zum Basteln oder Ausprobieren gibt. Diese Ideen-Ecke stammt aus dem Kapitel „Der Weltraum". Du findest sie auf Seite 133.

IDEEN-ECKE
Spaziergang im Sonnensystem

Stecke im Park eine Fahne in den Boden. Das ist die Sonne. Gehe drei Schritte und stecke eine Fahne für den Merkur in die Erde. Fahre so fort:

3 Schritte (Venus)

2 (Erde)

4 (Mars)

28 (Jupiter)

34 (Saturn)

75 (Uranus)

84 (Neptun)

▲ Das brauchst du

Weißes und farbiges Papier, Karton, Kleber, Bindfaden, Schere, Bleistifte, Knetmasse, Buntstifte, Malfarben, Pinsel, Strohhalme, Becher, Schüsseln und Teller aus Plastik, Glasflaschen, Wolle, Klebeband, Luftballons, Holzstöcke, Lupe, Wattestäbchen, Kompass, Trichter, Kreide, Tischtennisball, Bonbonpapier, Taschenlampen, Postkarte, Lebensmittelfarben, Holzlöffel.

Zahlen und Formen

Ohne Zahlen sähe unser Leben ganz anders aus:
Wir hätten weder Naturwissenschaften noch
Geld oder Computer. Und Formen muss man kennen,
wenn man Gebäude, Maschinen, Kleidung und viele
andere Dinge herstellen will. Die Wissenschaft von
den Zahlen und Formen hilft uns bei vielen
schwierigen Aufgaben – auch bei
Flügen zum Mond.

Zahlen

In der Mathematik rechnen wir mit Zahlen in den vier Grundrechenarten (zusammenzählen, abziehen, malnehmen und teilen). Sie ist die Grundlage für alle Naturwissenschaften.

▶ Eine Welt ohne Zahlen kann man sich kaum vorstellen. Wir brauchen sie, um die Zeit zu messen, einzukaufen oder Fernsehprogramme einzuschalten. Ohne sie könnten wir nichts berechnen.

? WIE HEISST DIE GRÖSSTE ZAHL?

Es gibt keine. Egal, wie groß eine Zahl ist, wir könnten unendlich lange immer weiterzählen.

Arabisch	0	1	2	3	4	5	6	7	8	9	10
Römisch		I	II	III	IV	V	VI	VII	VIII	IX	X
Chinesisch	〇	一	二	三	四	五	六	七	八	九	十
Binär	0000	0001	0010	0011	0100	0101	0110	0111	1000	1001	1010

Natürliche Zahlen

1, 3 und 5 sind „ungerade" Zahlen, 2, 4 und 6 sind dagegen „gerade" Zahlen. Fast alle Tiere haben eine gerade Anzahl von Beinen. Die meisten Blüten haben eine ungerade Anzahl von Blütenblättern – sehr häufig fünf. Warum das so ist, weiß niemand genau.

▲ Im Lauf der Zeit veränderte sich die Art, wie wir Menschen Zahlen schrieben. Die Null wurde z. B. erst nachträglich erfunden. Computer arbeiten mit Binärzahlen.

Wie viele Zahlen findest du auf dieser Seite? Welche ist die größte?

Für Superschlaue

Negative Zahlen

Zahlen unter Null heißen „negative Zahlen". „2 minus 5" ergibt z. B. „–3" („minus 3"). Negative Zahlen verwendet man auch für tiefe Temperaturen. Im Gefrierschrank herrschen –18 °C , das sind 18 Grad unter dem Gefrierpunkt von Wasser.

-7 -6 -5 -4 -3 -2 -1 0 1 2 3 4 5 6 7

Rechnen

Zahlen sind die Sprache der Naturwissenschaft. Die Grundlage der Naturwissenschaften sind Rechenvorgänge wie das Addieren, Subtrahieren, Multiplizieren und Dividieren.

▲ Addieren bedeutet, Zahlen zusammenzuzählen. Legt man zu zwei Nüssen zwei dazu, hat man insgesamt vier Nüsse. Man schreibt: 2 + 2 = 4. Wie viele Nüsse hat das Eichhörnchen, wenn es noch eine dazu addiert?

▲ Subtrahieren bedeutet, eine Zahl von der anderen abzuziehen. Isst man von fünf Erdbeeren drei auf, hat man nur noch zwei. Man schreibt: 5 – 3 = 2. Vorgänge wie „5 – 3 = 2" heißen „Rechnung" oder „Gleichung".

$\bullet$ **4** =

▲ Beim Multiplizieren addiert man dieselbe Zahl immer wieder. Bekommen vier Kinder je drei Süßigkeiten, haben sie insgesamt 12 Süßigkeiten. Das kann man auf zwei Arten rechnen:
$3 + 3 + 3 + 3 = 12$ oder $4 \cdot 3 = 12$.

: **3** =

▲ Dividieren ist dasselbe wie Aufteilen. Verteilt man neun Karten gleichmäßig auf drei Spieler, erhält jeder drei Karten. Man schreibt: $9 : 3 = 3$.

IDEEN-ECKE

Geheimschriften

Ordne jedem Buchstaben eine Zahl von 1 bis 26 zu. Schreibe eine Botschaft und setze über jeden Buchstaben die zugehörige Zahl. Auf ein neues Blatt Papier schreibst du dann nur die Zahlen ab. Deine Freunde verstehen diese Botschaft – wenn du ihnen das Geheimnis verrätst!

Brüche

Wenn wir etwas teilen, erhält jeder einen Bruchteil des Ganzen. Teilst du eine Banane mit deinem Freund, bekommt jeder einen Teil der Banane. Wenn ihr gerecht teilt, nimmt jeder die Hälfte ($\frac{1}{2}$).

▶ Diese drei Stücke sind verschiedene Bruchteile eines Kuchens. Schneidet man das größte Stück in zwei Hälften, bilden die beiden neuen Stücke je ein Viertel des Kuchens. Man schreibt: $\frac{1}{2} \cdot \frac{1}{2} = \frac{1}{4}$.

WAS HEISST „PROZENT"?

Das lateinische Wort *centum* heißt „hundert" und „Prozent" bedeutet „der hundertste Teil". 5 % sind also fünf Hundertstel oder $\frac{5}{100}$.

$\frac{1}{6}$ (ein Sechstel)

$\frac{1}{3}$ (ein Drittel)

ein Viertel

ein Viertel

$\frac{2}{8}$

0,25

25 %

zwei Achtel

$\frac{4}{16}$

$\frac{1}{4}$

▲ Das abgebrochene Stück Schokolade ist ein Bruchteil der ganzen Tafel. Einen Bruch kann man auf verschiedene Weise schreiben. All die Angaben rund um das Bild bezeichnen die gleiche Menge. Die Zahl 0,25 („Null-Komma-zwei-fünf") ist ein Dezimalbruch. Kannst du $\frac{1}{2}$ als Dezimalbruch schreiben?

$\frac{1}{2}$ (eine Hälfte)

Unendliche Brüche

Manchmal kann man Brüche ganz leicht als Dezimalbrüche schreiben: $\frac{1}{10}$ (ein Zehntel) wird zu 0,1. Wollen wir aber $\frac{1}{3}$ als Dezimalbruch schreiben, erhalten wir 0,3333… mit unendlich vielen Dreien! Gibst du 1 : 9 in den Taschenrechner ein, erhältst du den Dezimalbruch für 9 (ein Neuntel).

IDEEN-ECKE

Brüche und Formen

Falte ein quadratisches Blatt Papier zweimal in der Mitte und noch einmal diagonal. Schneide eine Spitze heraus und entfalte es. Es entsteht ein Stern mit acht Spitzen. Die herausgeschnittene Form ist ein Achtel des Sterns.

Maße

Wir messen z. B., wie schwer oder wie lang etwas ist. Für jedes Maß gibt es eine eigene Einheit, manchmal sogar mehrere. Meter und Kilometer sind z. B. Längeneinheiten.

▲ Oft benutzen wir zum Messen Geräte. Mit diesem Gerät kann man z. B. Kochzutaten abwiegen.

150 cm

120 cm

90 cm

60 cm

30 cm

◄ Die Körpergröße messen wir meist mithilfe von Messleisten. An dieser Leiste sehen wir, dass das Mädchen 120 cm groß ist (das ist dasselbe wie 1,20 m). Wie hoch kann sie sich strecken?

FINDEST DU'S?
Welches Boot ...
1. ist das kürzeste?
2. ist das größte?
3. hat einen hohen Mast?
4. ist das schnellste?

Für Superschlaue

Einheiten festlegen

Für Dinge unterschiedlicher Größe verwenden Wissenschaftler unterschiedliche Einheiten. Atome werden in Angström gemessen. 1 Zentimeter hat 100 Millionen Angström. Die Entfernung von Sternen wird dagegen in Lichtjahren gemessen. Ein Lichtjahr ist über 9 Billionen Kilometer lang.

Schlepper

Messgenauigkeit

Mit Atomuhren kann man die Zeit auf 1 Billionstel Sekunde genau messen. Solche Messungen nennen wir „genau". Wenn es auf Genauigkeit nicht so sehr ankommt, runden wir die Angaben auf oder ab. Jemand, der 140,12 cm groß ist, rundet diese Angabe auf 140 cm ab.

▶ Das Volumen gibt an, wie viel Raum etwas ausfüllt. Milch (oder jede andere Flüssigkeit) können wir in einen Messbecher schütten, um zu sehen, wie viel Volumen sie hat. Es wird in Litern gemessen.

Skala

▼ Manchmal brauchen wir keine Messungen, sondern können einfach schätzen. Versuche zu schätzen, wie hoch die Segeljacht auf dem Bild ist (in Zentimetern). Mit einem Lineal kannst du feststellen, wie genau du geschätzt hast.

Segelschiff

Kreuzfahrtschiff

Schnellboot

Segeljacht

Ruderboot

Paddelboot

M a ß e

Diagramme

Man entwickelt oft ein besseres Gefühl für Zahlen, wenn sie in Bildern dargestellt werden. In Diagrammen helfen Farben, Formen und Beschriftungen dabei, die Zahlen übersichtlich darzustellen.

▼ In Säulendiagrammen kann man verschiedene Mengen gut vergleichen. Kannst du hier erkennen, wie viele Marienkäfer es im Garten gibt?

| Marienkäfer | Käfer | Biene | Schmetterling | Schnecke |

44 %

17 %

11 %

6 %

22 %

◄ Tortendiagramme zeigen, woraus sich eine Gruppe – z. B. die Tiere in diesem Garten – zusammensetzt. Je größer das Kuchenstück, desto mehr Tiere dieser Art gibt es. Hier sind z. B. 44 % der Tiere Schnecken.

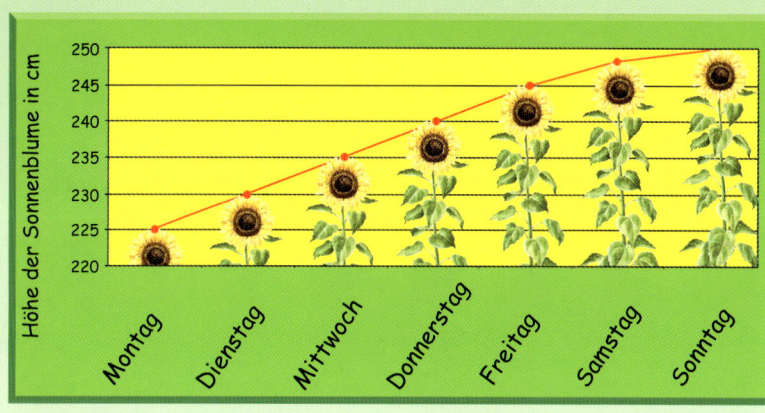

► Kurvendiagramme zeigen, wie sich etwas mit der Zeit verändert. Dieses Diagramm zeigt das Wachstum einer Sonnenblume im Lauf einer Woche. Am Montag war sie 225 cm hoch, vier Tage später war sie schon 245 cm groß. An welchem Tag war das?

IDEEN-ECKE

Pläne zeichnen

Pläne sind auch wissenschaftliche Abbildungen. Zeichne ein kleines Bild deines Zimmers in die Mitte eines großen Blatt Papiers, als ob du es von oben betrachten würdest. Zeichne und beschrifte die Möbel und lass Lücken für Türen und Fenster frei. Fahre mit den anderen Räumen fort, bis du einen Plan der ganzen Wohnung hast.

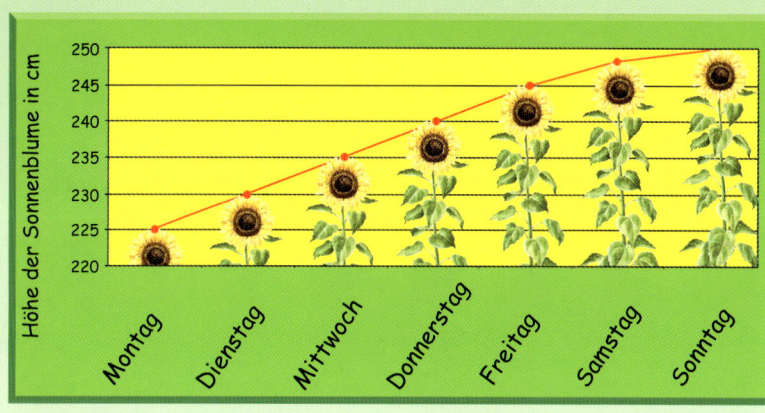

Formen und Winkel

Künstliche Dinge sind oft einfach und regelmäßig geformt, genau wie viele natürliche Dinge, z. B. die Pupillen der Augen. Andere Dinge in der Natur, wie z. B. Bäume, haben eine sehr komplizierte, unregelmäßige Form. Die Lehre von den Formen heißt „Geometrie".

▲ Diese Form heißt Rechteck. Ein Rechteck mit vier gleich langen Seiten ist ein Quadrat. CDs sind kreisrund, aber CD-Hüllen sind quadratisch.

Pythagoras (um 560–480 v. Chr.)
Der griechische Philosoph glaubte an eine mathematische Ordnung im Universum. Er zeigte z. B. die Verbindung von Zahlen und Musik.

◄ Kreise sind sehr nützlich. Unvorstellbar, dass z. B. Räder eine andere Form hätten! Die Breite des Kreises heißt Durchmesser und die Strecke rundherum ist der Umfang.

Für Superschlaue

Unendliche Zahlen

Den Umfang eines Kreises kann man berechnen, indem man den Durchmesser mit rund 3,14 multipliziert. Diese Zahl heißt „Pi" (Symbol: π). Weil sie unendlich ist, kann man sie nicht vollständig aufschreiben.

▲ Bienenstöcke sind aus lauter Sechsecken (Formen mit sechs gleich langen Seiten) aufgebaut. Diese Form bietet den größten Lagerraum bei der geringsten Menge an Baumaterial.

▲ Weil Dreiecke stark sind und viel aushalten, verwendet man sie oft beim Bauen. Baue aus drei Strohhalmen ein Dreieck und aus vier Strohhalmen ein Viereck und prüfe, welche Form mehr aushält.

► Wie steil eine Steigung ist, gibt der Winkel an. Je höher die Zahl, desto steiler der Berghang. Einen Winkel von 90° (90 Grad) nennt man auch „rechten Winkel". Welche Winkel kannst du an den Bergen in diesem Bild messen?

36°

50°

Körper

Quadrate und Kreise sind flache, zweidimensionale Formen: Sie haben eine Länge und eine Breite. Körper wie Würfel, Kugeln und Menschen sind dagegen dreidimensional: Sie haben Länge, Breite und Tiefe.

▼ Ziegel und Schuhschachteln nennt man Quader. Würfel und Quader eignen sich sehr gut zum Bauen, weil sie lückenlos aufeinanderpassen. Salzkörner sind winzige natürliche Würfel. Manche in der Natur vorkommenden Dinge wie Luftblasen oder Planeten sind Kugeln. In Zylindern bewahren wir Dinge auf, man kann sie aber auch zum Bewegen schwerer Lasten verwenden.

Euklid (um 330–260 v. Chr.)

Euklid verfasste ein Werk über Geometrie, das bis heute gelesen wird. In seinen Büchern zeigte er, wie man Formen und Körper untersucht.

Eiform

Viele Meeresvögel, die auf Klippen nisten, legen Eier, die an einem Ende viel spitzer zulaufen als am anderen. Aufgrund dieser Form rollen diese Eier immer im Kreis, wenn sie angestoßen werden, sodass sie nicht von der Klippe stürzen.

Würfelförmige Steinblöcke wurden über zylindrische Rollen gezogen.

Diese Pyramide besteht aus Würfeln und Quadern. Alle Pyramiden haben vier dreieckige Seitenflächen und eine quadratische Grundfläche.

Die Sonne ist eine Kugel.

IDEEN-ECKE

Symmetrie

Male einen großen Farbklecks in die Mitte eines Blatt Papiers. Falte das Papier in der Mitte und öffne es wieder. Ein symmetrisches Muster ist entstanden: Die linke Hälfte sieht genauso aus wie die rechte. Formen, die sich in zwei genau gleiche Hälften teilen lassen, heißen „symmetrisch".

Zeit

Die Erde dreht sich an einem Tag einmal um sich selbst und in einem Jahr einmal um die Sonne – so ist es von der Natur vorgegeben. Der Mensch erfand zusätzlich Stunden, Minuten und Sekunden, um die Zeit genauer anzugeben.

▼ Blitze leuchten nicht einmal 1 Sekunde lang. Vorgänge, die so kurz dauern, können wir kaum beobachten. Versuche mal, einer Seifenblase beim Platzen zuzusehen!

Für Superschlaue

Natürliche Uhren

Wir alle tragen eine natürliche Uhr in uns. Diese „biologische" oder „innere Uhr" sagt uns, wann es Zeit zum Schlafen ist, und sie lässt uns „fühlen", ob z. B. eine Reise wenige Minuten oder mehrere Stunden dauert.

▶ Lange Zeiträume messen wir in Jahrhunderten. Dieser Baum ist mehrere Jahrhunderte alt. Schon bevor deine Ururgroßeltern geboren wurden, wuchs er aus einem Samenkorn.

Stunden

23:55 00

Minuten

Sekunden

2

3

4

▲ Wir messen die Zeit mit Uhren. Uhren mit Zeigern nennt man „analog", Uhren mit Zahlenanzeige sind „digital". Diese Uhr ist beides! Man kann Uhrzeiten auf zwei Arten schreiben, z.B. „11.55 Uhr" oder „fünf vor zwölf".

IDEEN-ECKE

Sonnenuhr

Stecke einen Stock aufrecht in den Boden (du kannst ihn mit Modelliermasse befestigen). Ziehe jede Stunde den Schatten mit Kreide nach und schreibe die Uhrzeit daneben. Am nächsten Sonnentag zeigen diese Markierungen dann die Uhrzeit an.

Computer

Computer sind komplizierte Maschinen, die mit Zahlen und Informationen arbeiten. Sie befolgen festgelegte Anweisungen, die man „Programm" oder „Software" nennt. Computer rechnen mit Binärzahlen (siehe Seite 11).

Viren

Wenn du krank wirst, ist oft ein Virus schuld. Es gibt aber auch eine andere Art von Viren, die Computer befallen und ihre Funktion stören. Es sind schon über 1 Million und jeden Tag kommen neue hinzu. Man kann die Computer aber mit spezieller Software vor Viren schützen.

◄ Autos werden mithilfe von Berechnungen und Zeichnungen entworfen. Früher geschah das auf dem Papier, aber mit Computern geht es viel einfacher. Hier kann man die Form auf Knopfdruck ändern.

▲ Die ersten Computer wurden um 1940 gebaut. Sie waren riesengroß, leisteten aber trotzdem weniger als ein solcher Mikrochip. Mikrochips sind die „denkenden" Teile der Computer.

Für Superschlaue

Künstliche Intelligenz

Manche Computer verhalten sich, als könnten sie denken. Einige verstehen und beantworten gesprochene Fragen, andere landen Flugzeuge oder regeln den Verkehr. Viele Leute glauben, dass es in 50 Jahren Computer geben wird, die intelligenter als Menschen sind.

▶ Am Computer erzeugte Bilder von Dinosauriern sehen nicht nur aus wie echt, sie können sich auch wie echte Tiere bewegen. CGI-Technik wird in vielen Filmen eingesetzt.

▶ Computer helfen uns den Überblick zu behalten. Diese Anzeige liefert Informationen über die Flugzeuge, die auf einem Flughafen landen und starten. Lotsen können so dafür sorgen, dass die Flugzeuge genügend Abstand voneinander halten.

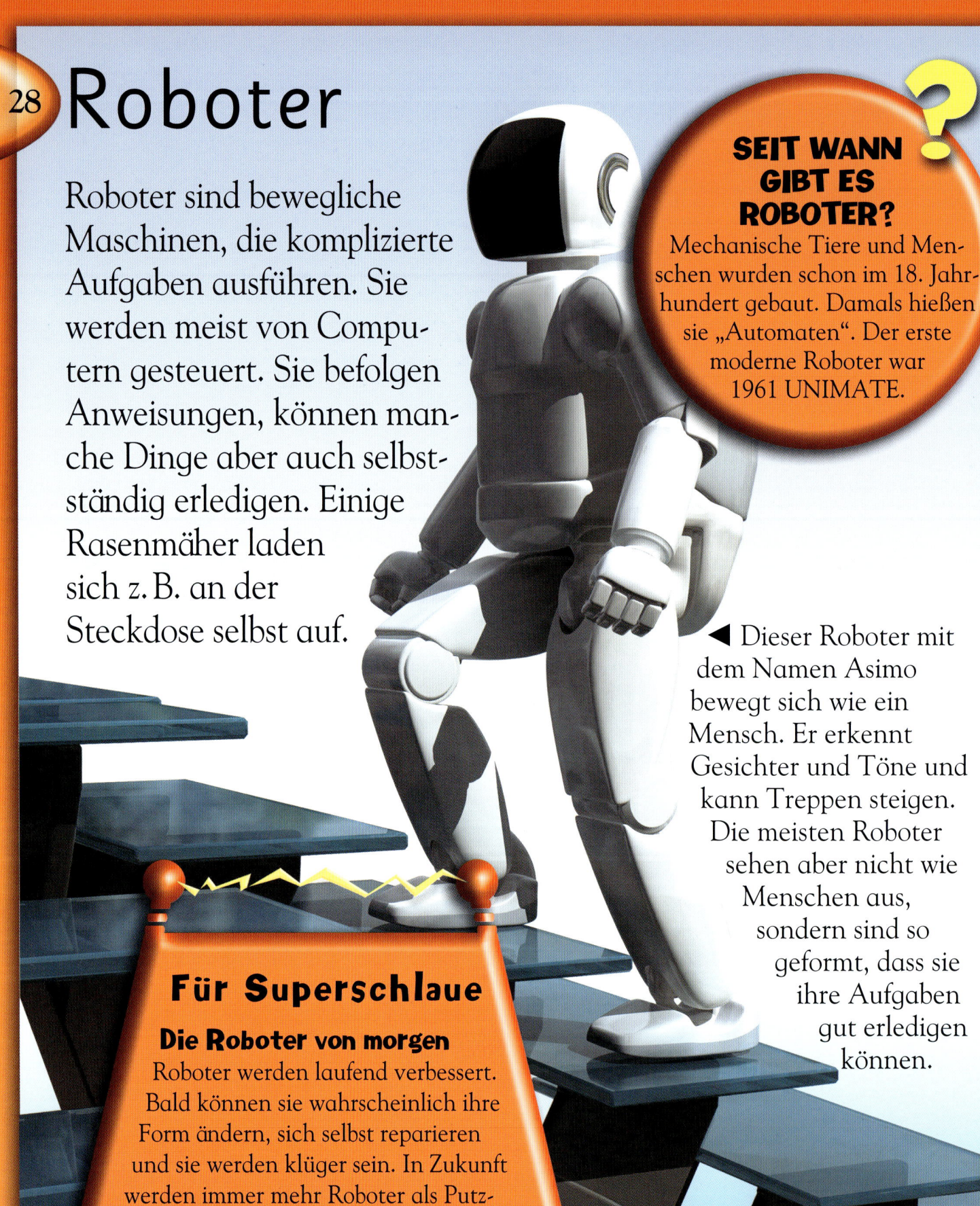

Roboter

Roboter sind bewegliche Maschinen, die komplizierte Aufgaben ausführen. Sie werden meist von Computern gesteuert. Sie befolgen Anweisungen, können manche Dinge aber auch selbstständig erledigen. Einige Rasenmäher laden sich z. B. an der Steckdose selbst auf.

SEIT WANN GIBT ES ROBOTER?

Mechanische Tiere und Menschen wurden schon im 18. Jahrhundert gebaut. Damals hießen sie „Automaten". Der erste moderne Roboter war 1961 UNIMATE.

◀ Dieser Roboter mit dem Namen Asimo bewegt sich wie ein Mensch. Er erkennt Gesichter und Töne und kann Treppen steigen. Die meisten Roboter sehen aber nicht wie Menschen aus, sondern sind so geformt, dass sie ihre Aufgaben gut erledigen können.

Für Superschlaue

Die Roboter von morgen

Roboter werden laufend verbessert. Bald können sie wahrscheinlich ihre Form ändern, sich selbst reparieren und sie werden klüger sein. In Zukunft werden immer mehr Roboter als Putzkräfte, Sicherheitspersonal, Soldaten, Pfleger und Feuerwehrleute eingesetzt.

▶ Jeder Spaceshuttle hat einen Robot-Greifarm, mit dem er Satelliten aussetzt oder einsammelt und beim Bau der *ISS* (siehe Seite 151) mithilft. Er trägt auch eine Kamera, mit der die Astronauten den Spaceshuttle nach Schäden absuchen.

Arm

Weltraumroboter

Roboter haben schon viel mehr Himmelskörper erforscht als wir Menschen (siehe Seite 152). Sie waren bereits auf jedem Planeten des Sonnensystems. Roboter halten Hitze, Kälte, plötzliche Geschwindigkeitsänderungen und lange Reisen viel besser aus als Astronauten. Außerdem sind ihre Raumschiffe einfacher, weil sie nicht zur Erde zurückkehren müssen.

▲ Der Roboter Dante sammelt Proben von Vulkanen, die Wissenschaftler dann untersuchen. Roboter werden oft für gefährliche Aufgaben eingesetzt. Ein Vorgänger von Dante ist tatsächlich in einen Vulkankrater gestürzt!

▶ Zurzeit arbeiten Roboter meist in Fabriken und erledigen Aufgaben, die für Menschen zu gefährlich oder zu eintönig sind. Viele Autos werden fast vollständig von Robotern gefertigt, so wie hier am Fließband.

Internet

Das Internet ist ein weltweites System von Computern, die miteinander verbunden sind. So kann man auf einem Computer Wörter und Bilder von vielen Millionen anderen Computern ansehen und Nachrichten austauschen.

WIE VIELE WEBSEITEN GIBT ES?

Es gibt über 1 Milliarde Webseiten. Niemand kennt die genaue Anzahl und täglich werden es mehr.

Eine Webseite ist eine Zusammenstellung von Wörtern und Bildern, die du im Internet ansehen kannst. Manche Webseiten enthalten auch Ton und Videofilme.

Für Superschlaue

Virtuelle Realität (VR)

Im Internet kannst du mit anderen Menschen zusammen Abenteuerspiele spielen. Mit einer speziellen Ausrüstung kann der Computer eine „VR-Umgebung" erzeugen: So siehst du das Spiel und kannst mitmachen.

Der Junge trägt ein VR-Headset, mit dem er virtuelle Dinosaurier sehen kann, so als seien sie wirklich da.

E-Mails sind Nachrichten, die am Computer geschrieben und über das Internet verschickt werden.

Tim Berners-Lee (geboren 1955)
Das Internet hat sich über viele Jahre hinweg entwickelt, als immer mehr Computer miteinander vernetzt (verbunden) wurden. Berners-Lee entwickelte eine Methode zur Verständigung, die er 1990 zum ersten Mal einsetzte. So entstand das World Wide Web (www).

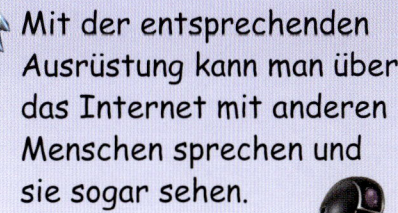

Mit der entsprechenden Ausrüstung kann man über das Internet mit anderen Menschen sprechen und sie sogar sehen.

▲ Das Internet besteht aus Millionen von Computern, die über Telefonleitungen und Funksignale miteinander in Verbindung stehen. Alles, was man im Internet sehen kann, bildet das sogenannte „World Wide Web" (= weltweites Netz oder „www").

I n t e r n e t

Alles klar?

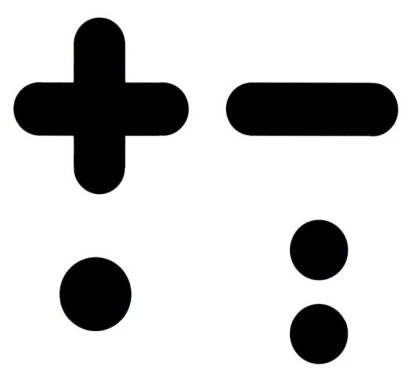

▲ Es gibt viele Arten und viele Gründe Dinge zu messen. Maschinen messen oft sehr genau.

▲ Wir rechnen mit Rechenvorgängen wie Addieren, Subtrahieren, Multiplizieren und Dividieren.

▲ Überall setzen die Menschen Zahlen für alle möglichen Zwecke ein.

▶ Für jede Aufgabe gibt es eine nützliche Form. Räder sind z. B. kreisrund, damit sie rollen.

▲ Messwerte und Zahlen lassen sich gut in Diagrammen und Tabellen darstellen.

▼ Das Internet ist ein weltweites Netz aus miteinander verbundenen Computern.

| 0000 | 0001 | 0010 | 0011 | 0100 | 0101 | 0110 | 0111 | 1000 | 1001 | 1010 |

▲ Computer arbeiten mit Binärzahlen, die nur mit den Ziffern 1 und 0 dargestellt werden.

◀ Roboter sind Maschinen, die per Computer gesteuert und in Fabriken eingesetzt werden.

Wissenschaft im Alltag

Die Welt ist zwar kompliziert, aber sie funktioniert nach ziemlich einfachen Gesetzen, die du hier kennenlernst. Sie wurden fast alle erst in den letzten Jahrhunderten entdeckt. Mithilfe dieser Gesetze konnten die Wissenschaftler beweisen, dass scheinbar so unterschiedliche Dinge wie Licht und Schall oder Elektrizität und Magnetismus in Wirklichkeit eng miteinander zusammenhängen.

Farben

Licht verhält sich ähnlich wie winzige Wellen in einem Teich. Die verschiedenen Farben haben Wellen unterschiedlicher Länge. Rotes Licht hat z. B. längere Wellen als blaues.

▶ Weißes Licht enthält alle Farben, wie man am Regenbogen sieht: Er entsteht, weil das weiße Sonnenlicht in die unterschiedlichen Farben aufgespalten wird, aus denen es besteht. Schwarz ist eigentlich keine Farbe, sondern die Abwesenheit aller Farben!

Grasgrün

Pink

Karmesin-rot

Für Superschlaue

Unsichtbar

UV-Licht (ultraviolette Strahlen) ist für uns unsichtbar, aber wir spüren es in Form von Sonnenbräune oder Sonnenbrand. Auch Infrarotlicht ist unsichtbar. Wir spüren es als Wärme.

Orange

Braun

WIE VIELE FARBEN GIBT ES?

Wir können über 1 Million Farben unterscheiden, aber nur ein paar Hundert von ihnen haben eigene Namen. Einige siehst du in der Abbildung.

Goldgelb

Ultramarinblau

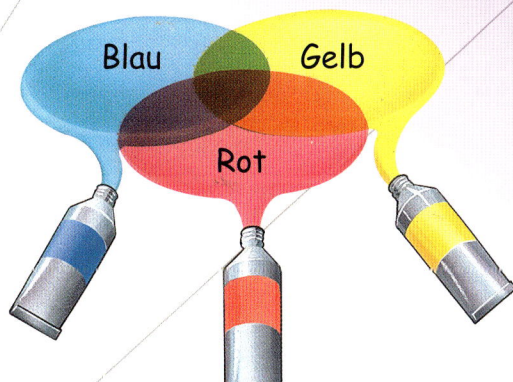

Blau

Gelb

Rot

◄ Aus nur vier Farbtuben kann man alle anderen Farben mischen: aus Weiß und den drei Primärfarben Rot, Blau und Gelb. Blau und Gelb ergeben z. B. Grün. Welches Grün dabei entsteht, hängt von den Anteilen der beiden Primärfarben ab.

IDEEN-ECKE
Farbiges Licht mischen

Sammle rotes, blaues und grünes durchsichtiges Bonbonpapier und klebe je eines über drei kleine Taschenlampen. Leuchte dann in einem dunklen Raum mit zwei oder drei Taschenlampen gleichzeitig auf ein weißes Blatt Papier. Das farbige Licht erzeugt andere Mischungen als die Farben (oben).

Hell und dunkel

Am Tag sehen wir die Welt um uns herum, weil das Licht der Sonne alles erhellt. Nachts brauchen wir elektrisches Licht, Kerzen oder Mondlicht. Im Dunkeln, ganz ohne Licht, sehen wir gar nichts.

LICHT-GESCHWINDIGKEIT

Licht bewegt sich unglaublich schnell – mit etwa 300 000 km pro Sekunde, also 3 Millionen Mal schneller als ein Rennauto. Es kann in weniger als 1 Sekunde einmal um die Erde flitzen.

▲ Kerzen (links oben) gibt es seit rund 5000 Jahren. Ihr Licht entsteht beim Verbrennen von Wachs. Glühlampen (rechts oben) wurden 1879 erfunden. Sie leuchten viel heller. Strom bringt einen Draht oder Gas zum Glühen.

◀ Ein Spiegel ist eine glatte, polierte Glas- oder Metallfläche. Man sieht sich darin, weil das Licht in gerader Linie zurückgeworfen (reflektiert) wird. Zwar werfen die meisten Gegenstände das Licht zurück, aber oft wird es dabei in alle Richtungen zerstreut.

▲ Lupen bestehen aus speziell geschliffenem Glas oder Plastik. Durch ihre Form wird das Licht so gebeugt, dass die Dinge darunter größer erscheinen.

◄ Nachtaktive Tiere schlafen tagsüber und jagen in der Nacht. Dieser afrikanische Galago („Buschbaby") hat riesige Augen, damit er auch bei wenig Licht gut sehen kann.

IDEEN-ECKE

Farbige Schatten

Klebe ein durchsichtiges rotes und grünes Stück Bonbonpapier über je eine Taschenlampe. Lege die Lampen in einem dunklen Raum in großem Abstand so auf den Boden, dass sie dieselbe Fläche an einer weißen Wand beleuchten. Wenn du dich zwischen die Lampen und die Wand stellst, hast du zwei verschiedenfarbige Schatten.

Schall

Bläst man in eine Pfeife, wird die Luft um sie herum viele Male pro Sekunde zusammengepresst und es entsteht eine Schallwelle. Sie wird durch die Luft zu den Ohren über-tragen.

▲ Brüllt ein Löwe, wird die Luft sehr stark zusammenge-presst, daher ist der Ton sehr laut. Die kleine Lunge einer Katze kann die Luft nur schwach zusammenpressen, deshalb miaut sie leiser.

? HÖRST DU MEHR ALS DEINE ELTERN?
Du hörst Töne, die deine Eltern nicht hören können. Wenn man älter wird, kön-nen die Ohren hohe Töne immer schlechter hören.

2. Schallwellen werden durch die Luft übertragen.

1. Ein Mädchen spricht mit ihrem Freund.

▲ Schall wird auch durch feste Körper und durch Wasser übertragen. Dreht jemand an der Badewanne den Hahn auf, während dein Kopf unter Wasser ist, hörst du es, weil der Schall durch das Wasser wandert.

▲ Das Mädchen singt so laut wie der Mann, aber ihre Stimme klingt anders – nämlich viel höher. Bei hohen Tönen liegen die Schallwellen dichter zusammen.

▶ Wenn das Mädchen (links) spricht, schwingen Hautfalten in ihrer Kehle und erzeugen Schallwellen. Manche der Wellen erreichen die Ohren des Jungen.

3. Schallwellen gelangen über den Gehörgang zum Trommelfell.

4. Empfängt das Ohr Schallwellen, erzeugt es winzige elektrische Signale.

5. Diese Signale werden zum Gehirn geleitet.

S c h a l l

Musik und Lärm

Lärm ist Schall, den wir nicht hören wollen. Er besteht oft aus einem Durcheinander aus vielen, unterschiedlich langen Schallwellen. Musik hat einfachere und meist „harmonische" Schallwellen. Das heißt, die Tonlagen der verschiedenen Töne passen gut zusammen.

? WANN WURDE DIE MUSIK ERFUNDEN?
Das älteste Musikinstrument ist eine 50 000 Jahre alte Flöte von unseren Vorfahren, den Neandertalern.

◀ Töne entstehen, wenn etwas schwingt. Die Bespannung einer Trommel vibriert, wenn man mit dem Stock darauf schlägt. Dadurch beginnt die Luft in der Umgebung zu schwingen und die Schwingungen tragen den Ton an unsere Ohren.

Mikrofon

Laut-
sprecher

Verstärker

Schall-
wellen

▲ Flugzeuge sind oft sehr laut,
besonders wenn sie tief fliegen.
Zu laute Geräusche können
dem Gehör schaden.

▲ Ein Mikrofon wandelt
Schallwellen in ein elektrisches Muster um. Ein Ver-
stärker verstärkt das Muster
und ein Lautsprecher ver-
wandelt es wieder zurück in
Schallwellen, die wir hören
können.

IDEEN-ECKE

Ein einfaches Xylofon

Fülle sechs Glasflaschen mit unterschiedlich viel Wasser. Mit einem Holzlöffel
kannst du dann auf ihnen
Lieder spielen. Vollere
Flaschen haben mehr
Masse, schwingen
langsamer und erzeugen
deshalb tiefere Töne.

▲ In dieser Blas-
kapelle gibt es alle mög-
lichen Blechblasinstrumente
wie Hörner, Trompeten und
auch eine Tuba. Wenn man
hineinbläst, schwingt die Luft
in ihrem Inneren. So werden
die Töne erzeugt.

Heiß und kalt

Je heißer etwas ist, desto schneller bewegen sich darin die Teilchen. Berührst du einen heißen Gegenstand, wird Wärme übertragen und die Moleküle (siehe Seite 63) in deiner Haut bewegen sich schneller. Wir spüren Wärme und Kälte über Sinneszellen in der Haut.

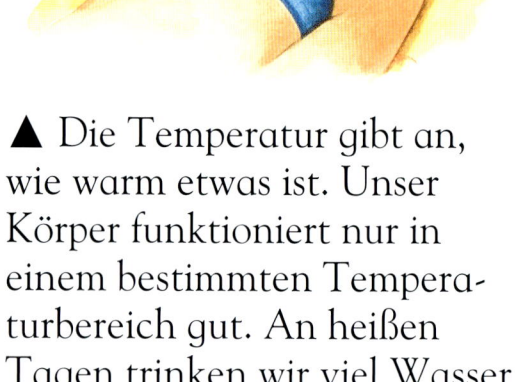

▲ Die Temperatur gibt an, wie warm etwas ist. Unser Körper funktioniert nur in einem bestimmten Temperaturbereich gut. An heißen Tagen trinken wir viel Wasser, schwitzen und bleiben im Schatten, damit der Körper nicht überhitzt wird.

Für Superschlaue

Absoluter Nullpunkt

Wenn sich die Moleküle in einem Gegenstand nicht mehr bewegen, kann er keine Wärme mehr abgeben und deshalb nicht mehr kälter werden. Dieser Zustand wird bei 273,15 Grad unter dem Gefrierpunkt von Wasser erreicht. Man schreibt: −273,15 °C. Das ist der absolute Nullpunkt.

◀ Kälte ist eigentlich die Abwesenheit von Wärme. Wärme breitet sich von Gegenständen aus, bis sie so kalt sind wie ihre Umgebung. Der Pelz des Pandas sorgt dafür, dass der Körper nicht so schnell Wärme verliert. Er dient als Isolierung.

► Wärme breitet sich immer von warmen auf kühlere Gegenstände aus. Wie schnell das geht, hängt davon ab, wie groß der Wärmeunterschied ist und wie leicht die Wärme fließen kann. Durch isolierendes Material wie Fell fließt die Wärme schlechter als durch Wärmeleiter wie Metall.

Manche festen Materialien leiten die Wärme sehr gut. Hier wird z. B. der Henkel der Kanne heiß.

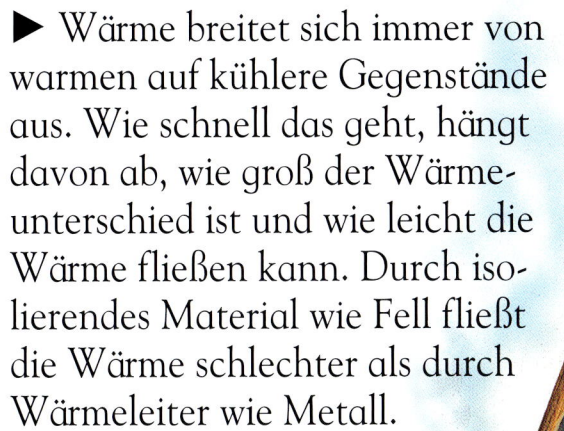

WO LIEGT DER KÄLTESTE ORT DER ERDE?

In der Antarktis wurden Temperaturen bis –89 °C gemessen. Dieser Teil der Erde erhält nur wenig Sonne.

In der Luft und im Weltraum wird Wärme durch Strahlung übertragen. Jemand, der am Lagerfeuer steht, kann die Wärmestrahlung spüren.

IDEEN-ECKE

Bastle ein Thermometer

Fülle eine helle Glasflasche zur Hälfte mit kaltem Wasser (etwa 500 ml) und gib ein wenig Lebensmittelfarbe hinein. Stecke einen durchsichtigen Strohhalm hinein und verschließe die Flasche mit Knetmasse. Der Strohhalm darf nicht bis zum Boden der Flasche reichen. Stellst du das Thermometer in warmes Wasser, steigt das Wasser im Strohhalm auf, weil sich die Flüssigkeit in der Flasche beim Erwärmen ausdehnt.

Druck und Zug

Wissenschaftlich betrachtet sind Druck und Zug „Kräfte". Dinge müssen sich dazu nicht berühren: Große Körper wie die Erde ziehen andere Körper an – mit ihrer Anziehungskraft oder Schwerkraft.

WIE SCHWER WÄRST DU AUF DEM MOND?

Du hättest dort etwa $\frac{1}{6}$ deines Gewichts auf der Erde, weil die Schwerkraft auf dem Mond viel kleiner ist.

▼ Die Schwerkraft der Erde zieht zwei Personen stärker an als eine. Das Ende der Wippe, auf dem zwei Menschen sitzen, wird stärker nach unten gezogen als das mit nur einer Person darauf.

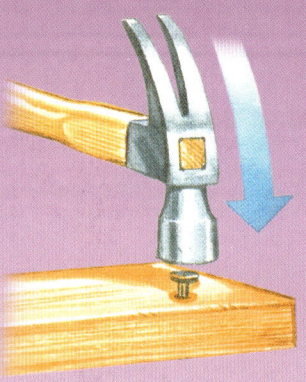

▲ Eine Kraft, die über eine große Fläche verteilt ist, drückt nicht sehr stark. Daher dringt der Hammer nicht in das Holz ein, aber der Nagel tut es. An seiner Spitze wirkt die Kraft auf eine sehr kleine Fläche, sodass der Druck auf das Holz sehr hoch ist.

◀ Lässt du auf einem sich drehenden Karussell plötzlich los, wirst du hinuntergeschleudert. Ohne das Karussell, das dich auf eine Kreisbahn zwingt, würde sich dein Körper in einer geraden Linie bewegen.

▲ Astronauten in der Erdumlaufbahn spüren die Schwerkraft nicht. Sie haben noch dieselbe Masse (ihr Körper verändert sich nicht), aber sie haben kein Gewicht.

Isaac Newton (1643–1727)

Isaac Newton entdeckte die Gesetze der Bewegung. Er erforschte, wie die Schwerkraft auf verschiedene Dinge an unterschiedlichen Orten wirkt. Wir verdanken ihm auch Erkenntnisse über das Licht und die Mathematik.

▲ Eine Schaukel braucht immer etwa gleich viel Zeit zum Schwingen, egal wie schwer die Person ist oder wie weit die Schaukel schwingt.

IDEEN-ECKE

Experiment mit Luftdruck

Lege eine Postkarte über ein Wasserglas. Halte die Karte fest und drehe das Glas um. Wenn du nun die Hand wegnimmst, fällt die Karte nicht hinunter. Die Luft übt ständig Druck auf alles aus, und dieser Luftdruck hält die Karte an Ort und Stelle fest.

Bewegung

Alles bewegt sich. Selbst wenn wir still-
stehen, bewegen wir uns mit der Erde
auf ihrer Bahn durchs Weltall. Um
etwas zu bewegen, muss man es ansto-
ßen oder daran ziehen. Danach bewegt
es sich weiter, bis es von irgendetwas
gebremst wird.

▼ Die Geschwindigkeit gibt an, wie weit z. B.
ein Auto in einer bestimmten Zeit fährt. Legt
es in einer Stunde 100 km zurück, fährt es mit
100 km/h. Autos sind stromlinienförmig und
glatt, damit die Luft leicht vorbeistreichen
kann und sie kaum bremst.

Galilei (1564–1642)

Galilei war sehr viel-
seitig. Er erklärte, wie
Gegenstände sich bewe-
gen, fallen und schwin-
gen. Mit einem Tele-
skop (siehe Seite 146)
studierte er
den Mond
und die
Plane-
ten.

WELCHES IST DAS SCHNELLSTE TIER?

Wanderfalken stürzen mit 320 km/h auf Beute herab. Das schnellste Landtier ist der Gepard mit 110 km/h. Der schnellste Mensch erreicht nur 37 km/h.

▲ Bewegungen werden von der Luft und vom Boden gebremst. Weil Skier und harter Schnee sehr glatt sind, kann ein Skifahrer ohne große Mühe hohe Geschwindigkeiten erreichen.

▶ Setzt sich ein Aufzug nach oben in Bewegung, wird man leicht nach unten gedrückt, solange er beschleunigt.

▲ Raue, gummiartige Oberflächen bremsen gut, denn sie erzeugen eine starke Reibung. Die Reibung nutzt man z. B. für Bremsen, die ein Fahrrad anhalten sollen.

IDEEN-ECKE

Experiment auf der Tischplatte

Lege eine Tischdecke auf einen kleinen Tisch und decke ihn mit Plastikgeschirr. Fasse nun zwei Ecken der Tischdecke fest mit beiden Händen und ziehe die Tischdecke ruckartig und schnell vom Tisch. Das Geschirr müsste dabei aufgrund der sogenannten „Trägheit" der Gegenstände stehenbleiben.

Maschinen

Maschinen nehmen uns Menschen viel Arbeit ab. Sie werden oft von einem Motor angetrieben. Der Automotor treibt z. B. die Achsen und Räder eines Autos an.

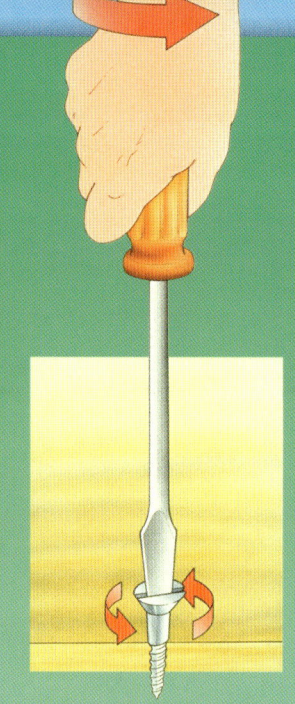

▲ Ein Schraubendreher ist nichts anderes als ein Hebel: Der Griff ermöglicht eine große Kreisdrehung, der Schaft eine kleinere. So wird die Schraube kräftiger gedreht als nur von Hand.

Für Superschlaue

Nanotechnologie

Inzwischen können wir winzige Maschinen bauen. Sie sind zwar noch recht einfach, aber in Zukunft lassen sich vielleicht sogar Miniroboter bauen.

Archimedes (um 287–212 v. Chr.)

Archimedes baute viele Maschinen zur Verteidigung seiner Stadt. Es heißt, er habe mithilfe von Spiegeln Sonnenlicht auf Schiffe gelenkt, um sie in Brand zu setzen. Wahrscheinlich ist er der Erfinder des Flaschenzugs.

Rolle

Seil

▶ Bei diesem Flaschenzug wird ein Seil über vier Rollen geführt, sodass der Mann ein Gewicht heben kann, das mit bloßen Händen viel zu schwer für ihn wäre.

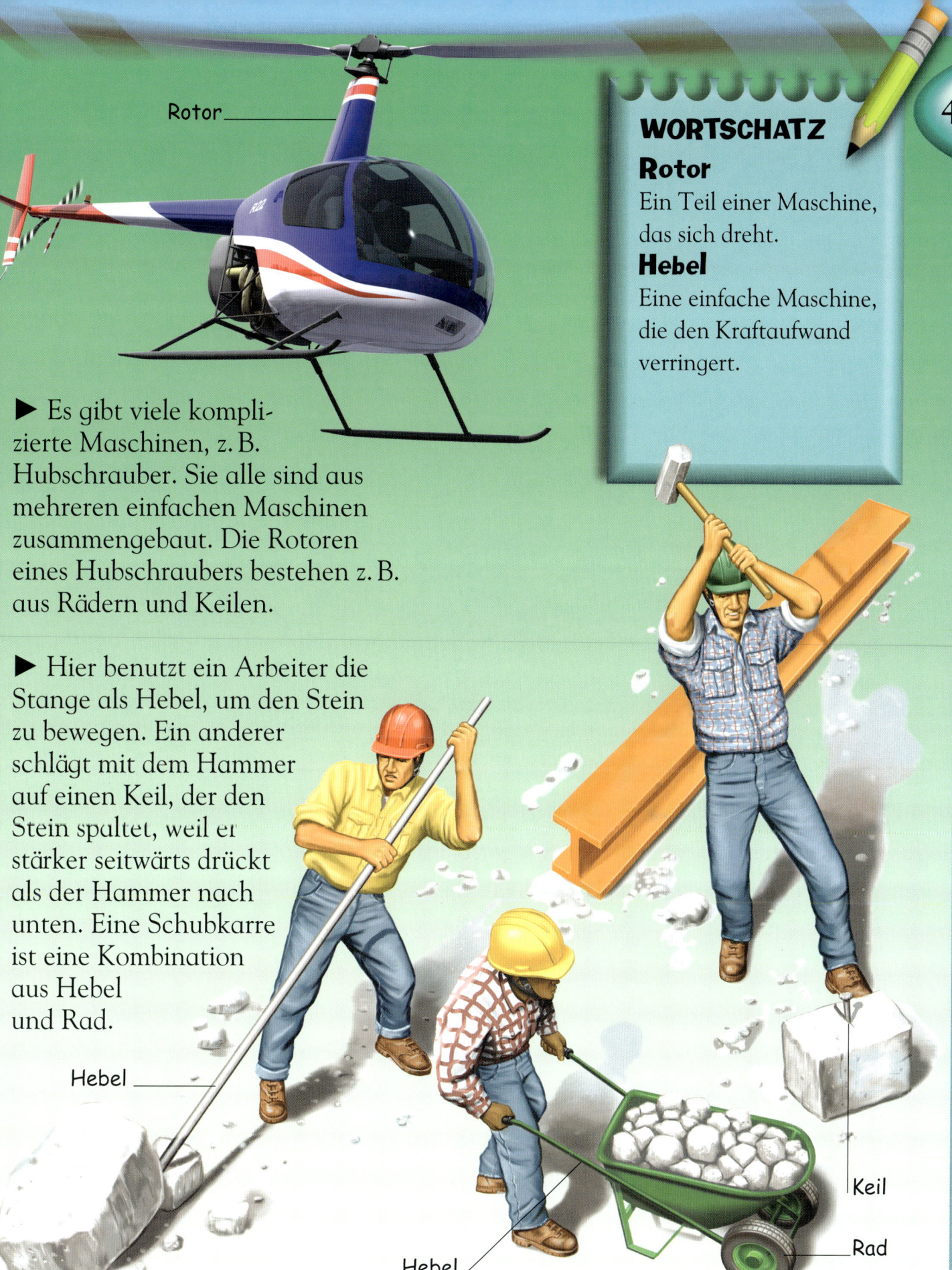

Rotor

WORTSCHATZ

Rotor
Ein Teil einer Maschine, das sich dreht.
Hebel
Eine einfache Maschine, die den Kraftaufwand verringert.

▶ Es gibt viele komplizierte Maschinen, z. B. Hubschrauber. Sie alle sind aus mehreren einfachen Maschinen zusammengebaut. Die Rotoren eines Hubschraubers bestehen z. B. aus Rädern und Keilen.

▶ Hier benutzt ein Arbeiter die Stange als Hebel, um den Stein zu bewegen. Ein anderer schlägt mit dem Hammer auf einen Keil, der den Stein spaltet, weil er stärker seitwärts drückt als der Hammer nach unten. Eine Schubkarre ist eine Kombination aus Hebel und Rad.

Hebel

Hebel

Keil

Rad

M a s c h i n e n

Schwimmen und fliegen

Ein Schiff verdrängt eine bestimmte Wassermenge. Es schwimmt, weil es leichter ist als diese Wassermenge. Auch ein Ballon fliegt, weil er leichter ist als Luft.

WANN WURDE DAS ERSTE U-BOOT GEBAUT?

Legenden über U-Boote sind 2000 Jahre alt. Das erste bekannte U-Boot entstand 1605. Es sank, aber 1620 baute man eines, das funktionierte.

▲ Flugzeuge sind zwar schwerer als Luft, aber sie fliegen, weil die Motoren sie antreiben. Die Form der Tragflächen bewirkt zudem, dass sie sich im Flug in der Luft halten können.

► Die einzelnen Teile eines Schiffs sind fast alle schwerer als Wasser, aber die Schiffe selbst sind hohl und mit Luft gefüllt. Daher wiegt das Schiff insgesamt weniger als die Wassermenge, die es verdrängt, sodass es schwimmen kann.

Für Superschlaue

Überschallflugzeuge

Überschallflugzeuge fliegen schneller als der Schall. Die Schallgeschwindigkeit liegt bei rund 1200 km/h, bei hohen Temperaturen sogar noch etwas höher. Flugzeuge, die mit Überschallgeschwindigkeit fliegen, erzeugen ein sehr lautes Geräusch.

Nylonhülle

Aufsteigende Warmluft

Propangas-brenner

Gondel für Passagiere

► Der Ballon fliegt, weil er mit heißer Luft gefüllt ist, die leichter ist als die kalte Umgebungsluft. Luftballons schweben, weil sie mit Helium gefüllt sind – dieses Gas ist leichter als Luft.

IDEEN-ECKE

Luftbewegung
Lege einen Tischtennisball in einen Trichter. Lege den Kopf in den Nacken und blase in das schmale Ende. Richte den Kopf langsam auf, während du immer weiterbläst. Der Ball bleibt im Trichter – derselbe Effekt sorgt für den Auftrieb bei Flugzeugen.

Elektrizität

Strom ist heute etwas ganz Selbstverständliches. Unsere Häuser stecken voller elektrischer Geräte und ohne Strom funktioniert fast nichts mehr. Als Blitz wird Elektrizität am Himmel sichtbar.

▼ Häuser sind an das Stromnetz angeschlossen. Der Strom wird in Kraftwerken erzeugt (siehe Seite 58–59). Materialien, die Strom nicht gut leiten, werden heiß und fangen an zu glühen. So funktionieren z. B. Toaster und elektrische Kochplatten. Materialien, die Strom nicht leiten, heißen Isolatoren.

Glüh-lampe

Batterie

▲ Strom fließt in Leitungen wie z. B. in diesen Drähten. Sie verbinden die Batterie und die Glühlampe zu einem Stromkreis, in dem der Strom fließt und die Lampe zum Leuchten bringt.

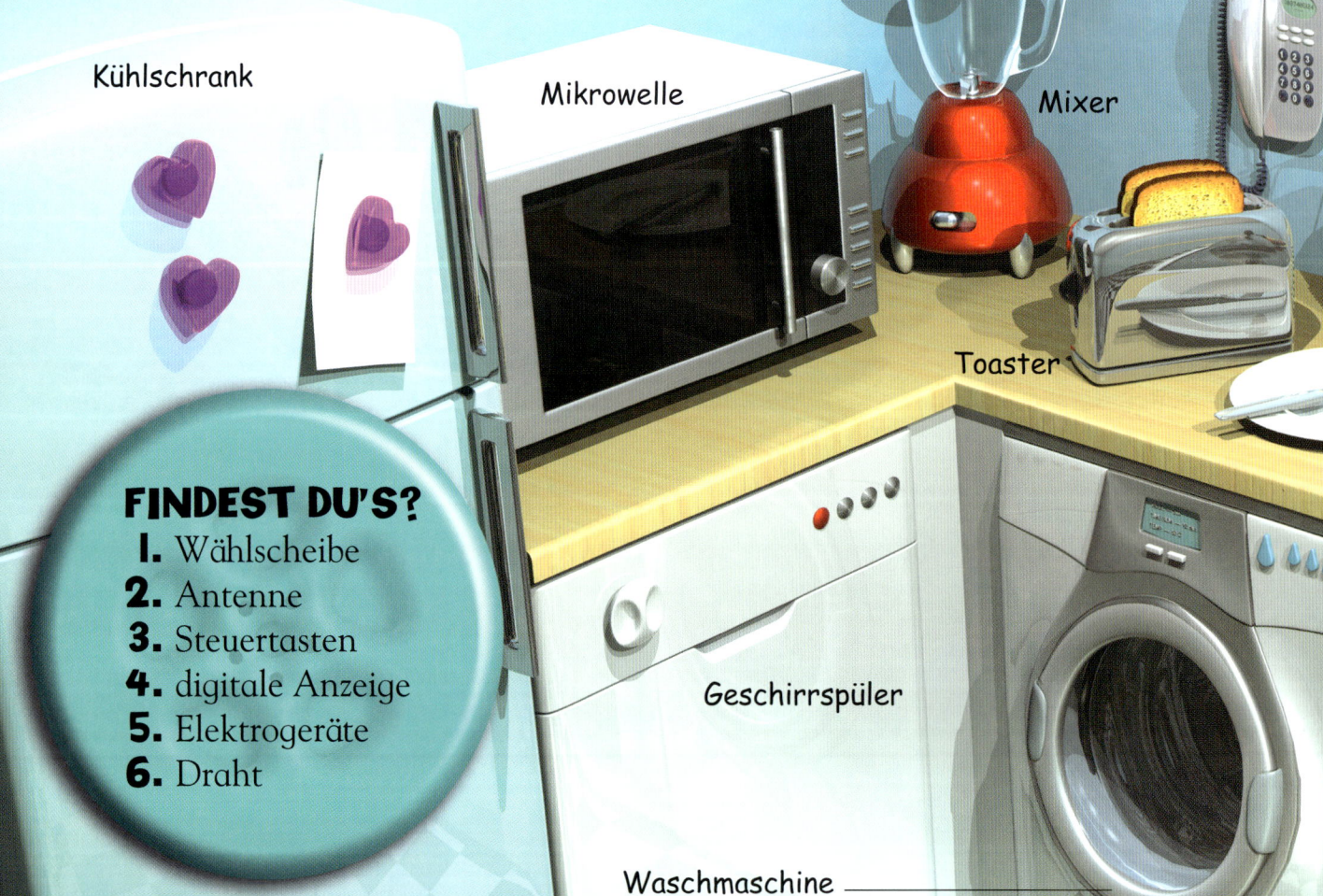

Telefon

Mixer

Kühlschrank

Mikrowelle

Toaster

Geschirrspüler

Waschmaschine

FINDEST DU'S?
1. Wählscheibe
2. Antenne
3. Steuertasten
4. digitale Anzeige
5. Elektrogeräte
6. Draht

James Clerk Maxwell (1831–1879)

Schon vor Maxwell wusste man viel über Elektrizität und Magnetismus, aber er stellte die Zusammenhänge her. Er sagte voraus, dass es Radiowellen geben müsse und entdeckte noch viele andere Dinge.

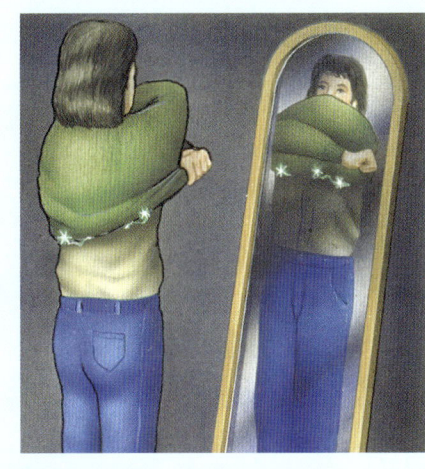

▶ Viele Elektrogeräte werden mit Batterien betrieben. Manche Batterien werden weggeworfen, wenn sie leer sind, andere lassen sich an der Steckdose wieder aufladen wie die Batterien dieses Laptops.

▲ Wenn man in einem dunklen Zimmer den Pullover auszieht, sprühen manchmal Funken oder es knistert. Die Ursache liegt in der statischen Elektrizität, die auch Blitze verursacht.

Radio

Elektroherd

Tee-kessel

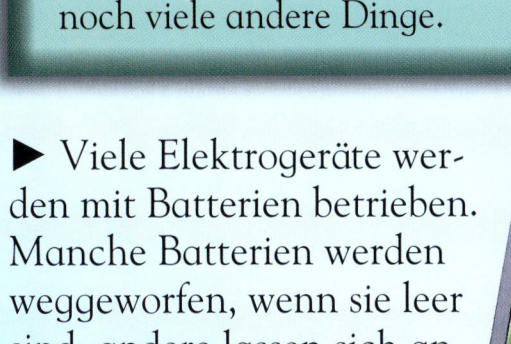

IDEEN-ECKE

Statische Aufladung

Wenn du einen Luftballon an deinen Haaren reibst, bleibt er an der Wand kleben. Beim Reiben werden elektrisch geladene Teilchen, die Elektronen, vom Ballon entfernt, sodass sich Ballon und Haare elektrisch aufladen. Elektrisch geladene Gegenstände ziehen andere Dinge an, auch die Wand. Diese Anziehung hält den Ballon an der Wand fest.

Magnetismus

Magnete ziehen andere Magnete ziehen an oder stoßen sie ab. Bestimmte Metalle ziehen sie an. Der Bereich um einen Magneten herum, der auf andere Dinge einwirkt, heißt Magnetfeld.

▶ Jeder Magnet hat einen „Südpol" und einen „Nordpol". Dort ist die magnetische Wirkung am stärksten. Gegensätzliche Pole ziehen sich an, gleiche Pole stoßen sich ab.

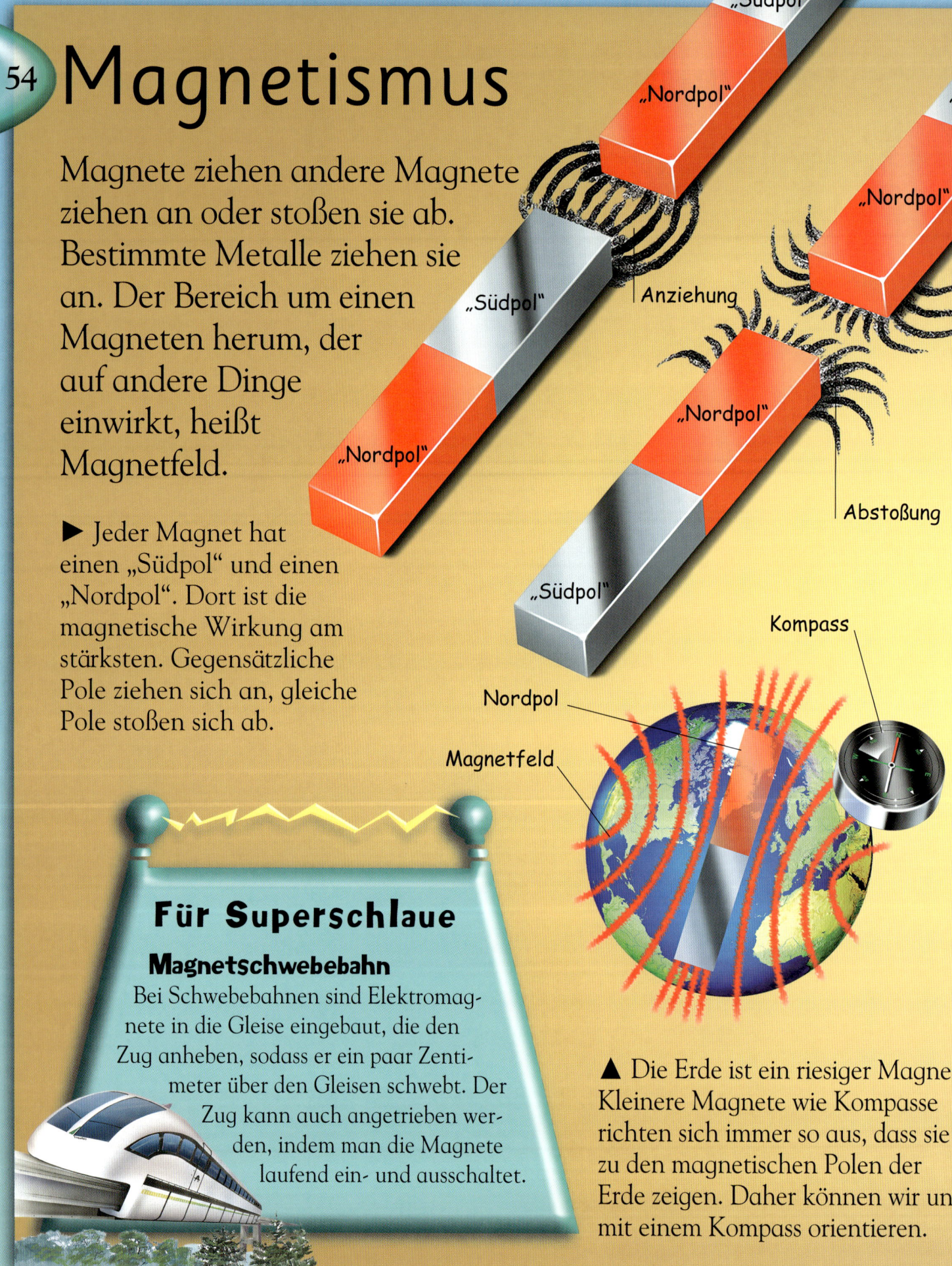

„Südpol"

„Nordpol"

„Südpol"

„Nordpol"

Anziehung

„Nordpol"

„Nordpol"

Abstoßung

„Südpol"

Kompass

Nordpol

Magnetfeld

Für Superschlaue

Magnetschwebebahn

Bei Schwebebahnen sind Elektromagnete in die Gleise eingebaut, die den Zug anheben, sodass er ein paar Zentimeter über den Gleisen schwebt. Der Zug kann auch angetrieben werden, indem man die Magnete laufend ein- und ausschaltet.

▲ Die Erde ist ein riesiger Magnet Kleinere Magnete wie Kompasse richten sich immer so aus, dass sie zu den magnetischen Polen der Erde zeigen. Daher können wir uns mit einem Kompass orientieren.

WORTSCHATZ ▶
Dynamo
Ein Gerät, das aus
Bewegung Strom
erzeugt.

Michael Faraday (1791–1867)
Faraday fand viel Neues
über Elektrizität und Magnetismus heraus. Zudem
entdeckte er chemische
Stoffe und erfand den
Elektromotor
und den
Dynamo.

Elektromagnet

▲ Fließt Strom durch einen Draht,
wird der Draht magnetisch. Wickelt
man den Draht um ein Stück Eisen,
wird das Ganze zu einem sehr starken
Magneten, einem Elektromagneten.
Dieser hier hebt Metallteile hoch.

▶ Ein Elektromotor
besteht aus einem Elek-
tromagneten, der sich in
einem Magnetfeld dreht.
Staubsauger und manche
Spielzeuge haben einen
Elektromotor.

Telekommunikation

Nachrichten werden über elektrische oder Funksignale versendet. Handys und die meisten Fernsehgeräte nutzen die unsichtbaren Funksignale. Kabel-TV und Festnetztelefone verwenden elektrische Signale, die durch Drähte geleitet werden.

▼ Wir sehen Gegenstände, weil sie bestimmte Lichtmuster aussenden. In einem Fernsehstudio wandelt eine Kamera das Lichtmuster des Nachrichtensprechers in ein elektrisches Muster um. Auch Töne werden mithilfe von Mikrofonen in elektrische Muster umgewandelt.

WISSENS-BOX
Handys
Auf der Erde leben etwa 6,5 Milliarden Menschen und mehr als 3 Milliarden – beinahe die Hälfte – besitzen ein Mobiltelefon. Es gibt sogar viele, die mehrere Handys haben!

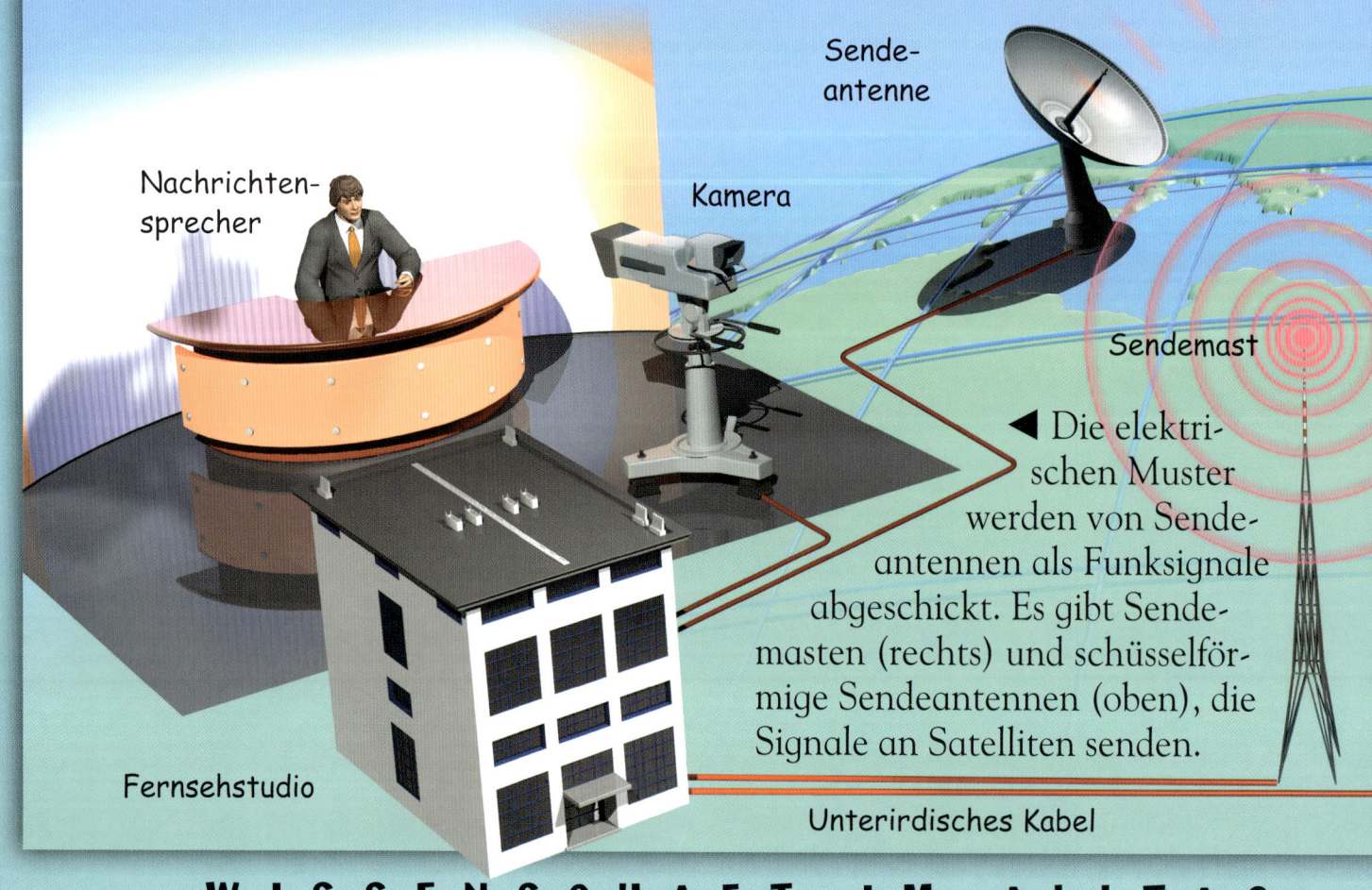

Sende-antenne

Kamera

Nachrichten-sprecher

Sendemast

◄ Die elektrischen Muster werden von Sendeantennen als Funksignale abgeschickt. Es gibt Sendemasten (rechts) und schüsselförmige Sendeantennen (oben), die Signale an Satelliten senden.

Fernsehstudio

Unterirdisches Kabel

▼ Mithilfe von Satelliten in der Erdumlaufbahn können Fernsehsignale von einer Sendeantenne an einem Ort der Erde zu Empfängern an weit entfernten Orten weitergeleitet werden.

Satellit

Guglielmo Marconi (1874–1937)

Marconi baute den ersten Radiotelegrafen. Schiffe auf hoher See konnten so zum ersten Mal Nachrichten versenden und empfangen.

▼ Elektrische Fernsehsignale müssen mit Decodern umgewandelt (dekodiert) werden. Decoder sind oft direkt ins Fernsehgerät eingebaut. Sie verwandeln die elektrischen Muster zurück in das Bild und den Ton des Nachrichtensprechers.

WAS IST TELEVISION (TV)?

Das Wort bedeutet „weit sehen": *tele* kommt aus dem Griechischen und bedeutet „weit", *visio* ist Latein und heißt „das Sehen".

Digitalfernsehen

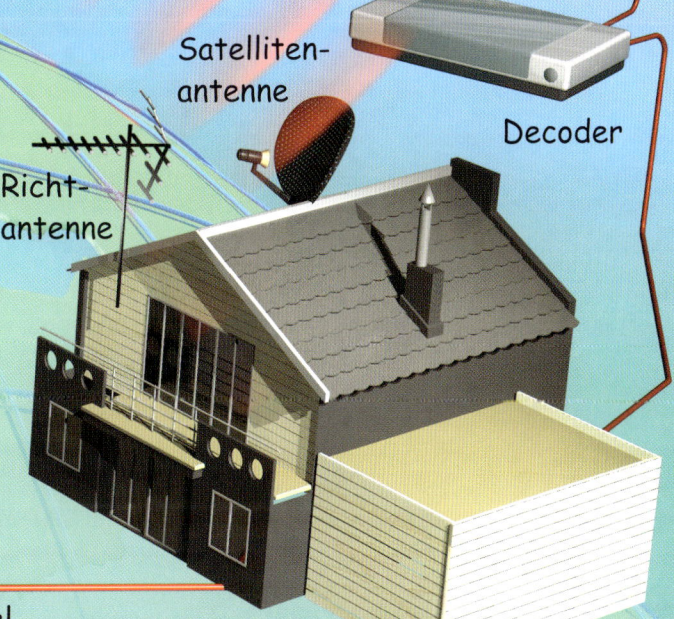

Satellitenantenne

Decoder

Richtantenne

▶ Zu Hause empfangen wir Fernsehsignale auf verschiedene Weise. Satellitensignale empfangen wir mit runden, schüsselförmigen Satellitenantennen, Signale von Sendemasten mit Richtantennen. Fernsehsignale werden auch über unterirdische Kabel übertragen.

Unterirdisches Kabel

Energie

Licht, Schall, Wärme, Bewegung, Elektrizität und Magnetismus sind Formen von Energie. Ohne Energie würde nichts funktionieren. Die Energie, die du zum Leben brauchst, stammt aus der Nahrung.

Brennende Kohle bringt Wasser zum Sieden.

Kohle aus Bergwerken

Dynamo

▲ Die Erde erhält die meiste Energie von der Sonne. Die Pflanzen nehmen über ihre Blätter Energie auf und nutzen sie zum Wachsen.

WOHIN GEHT DIE ENERGIE?

Energie wird weder erzeugt noch vernichtet. Sie verwandelt sich nur von einer Art in eine andere.

▲ Wird Kohle verbrannt, entsteht Wärmeenergie. Die Wärme bringt Wasser zum Sieden und erzeugt einen Dampfstrom. Ein Dynamo wandelt die Bewegungsenergie des Dampfstroms in Elektrizität um.

◀ Gas, Kohle und Erdöl sind fossile Brennstoffe – die Reste von Wäldern, die vor Millionen Jahren tief unter der Erde begraben und zusammengepresst wurden. Wir verbrennen sie, um Wärme und Elektrizität zu erzeugen.

Urzeitliche Wälder

Kohlenflöz

Kohlebergwerk

Albert Einstein (1879–1955)

Einstein entdeckte, dass Masse und Energie im Grunde dasselbe sind. Er erklärte die Schwerkraft und zeigte, dass Bewegung und Schwerkraft die Zeit verlangsamen können. Er bewies, dass Licht aus winzigen Teilchen besteht, den Photonen.

▲ Glühlampen verschwenden sehr viel Energie, weil sie sie auch in Wärme umwandeln. Moderne Energiesparlampen (oben) erzeugen sehr wenig Wärme und brauchen daher deutlich weniger Strom für dieselbe Menge an Lichtenergie.

Trafostation

Leitungen

Transformator

Fabrik

Haus

▲ Der Strom aus den Kraftwerken wird durch Transformatoren geleitet, die ihn so umwandeln, dass er sich durch Kabel (dicke Drähte) über weite Strecken leiten lässt. In der Nähe der Fabriken und Häuser stehen Trafostationen, in denen der Strom wieder so umgewandelt wird, dass er leicht zu verwenden ist.

Für Superschlaue

Kernenergie

Die Sonnenenergie wird tief im Inneren der Sonne dadurch erzeugt, dass bestimmte Atomkerne in andere Atomkerne umgewandelt werden. Daher nennt man sie Atomenergie oder Kernenergie. Es gibt Kraftwerke, in denen mit Kernenergie Elektrizität erzeugt wird. Auch die gefährlichsten Bomben setzen Kernenergie ein.

Wind und Temperatur

Die Temperatur hängt von vielen Dingen ab. Nachts, im Winter, in großen Höhen oder in der Nähe der Pole ist es meist kalt. Fast überall auf der Erde gibt es eine „vorherrschende Windrichtung" – eine bestimmte Richtung, aus der der Wind häufig weht. In Mitteleuropa kommt er z. B. oft aus westlicher Richtung.

▲ Die Windstärke misst man auf der sogenannten „Beaufort-Skala". Im Bild oben weht eine leichte Brise, sie hat Stärke 2 auf der Beaufort-Skala. Die Windgeschwindigkeit beträgt rund 9 km/h.

Januar: Winter im Norden, Sommer im Süden

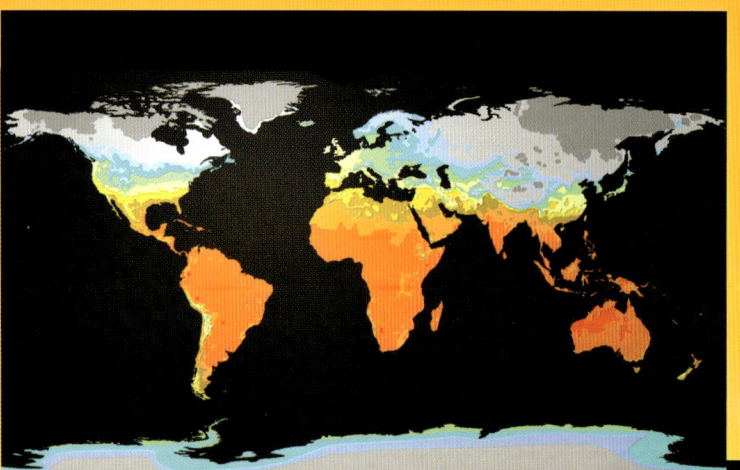

Juli: Sommer im Norden, Winter im Süden

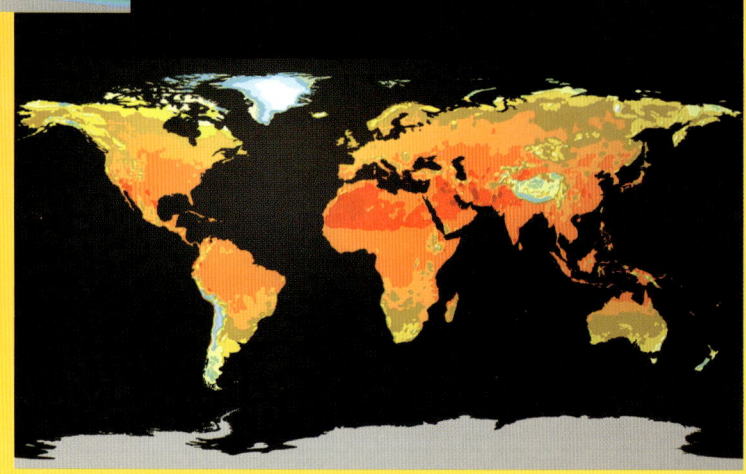

▲▶ Im Sommer ist es in der Regel wärmer als im Winter. Wenn auf der Nordhalbkugel Winter ist, ist auf der Südhalbkugel Sommer und umgekehrt. Auf dieser Landkarte sieht man die Temperaturen zu verschiedenen Jahreszeiten. Die heißesten Zonen sind rot, die kältesten grau.

WAS IST FROST?

Ist die Luft kälter als 0 °C (Gefrierpunkt) und der Boden noch kälter, setzt sich Wasserdampf aus der Luft in Form von Eis am Boden ab. Das nennt man Frost.

▲ Ein Sturm der Windstärke 10 erreicht rund 100 km/h. Der Wind ist so stark, dass er Häuser beschädigen und Bäume entwurzeln kann.

▲ Hier wütet ein Hurrikan der Stärke 12 mit etwa 130 km/h. Er weht so stark, dass er Häuser zerstört. Hurrikane sind zwar sehr gefährlich, aber in den meisten Gebieten auch sehr selten.

▲ Luft, die abkühlt, wird schwerer und sinkt zu Boden. Warme Luft steigt auf und die kalte nimmt ihren Platz ein. Durch diese Luftbewegungen entsteht Wind.

IDEEN-ECKE

Ein Wettertagebuch

Schreibe eine Woche lang jeden Tag auf, wie das Wetter ist: Ist es wolkig, regnet es oder ist es kalt? Die Windrichtung erkennst du, wenn du ein Blatt in die Luft wirfst und mit einem Kompass prüfst, wohin es geweht wird.

Wolken und Regen

Große, dicke Wolken bestehen aus Millionen winziger Wassertropfen. Wenn sich diese Tröpfchen vereinigen, fallen sie als Regen oder Schnee zu Boden. Hohe Wolken enthalten winzige Eiskristalle.

WAS IST NEBEL?

Nebel sind Wolken in Bodennähe. Er bildet sich, wenn Wasserdampf vom Boden aufsteigt oder vom Meer herangeweht wird. Beim Abkühlen bildet er sichtbare Wolken.

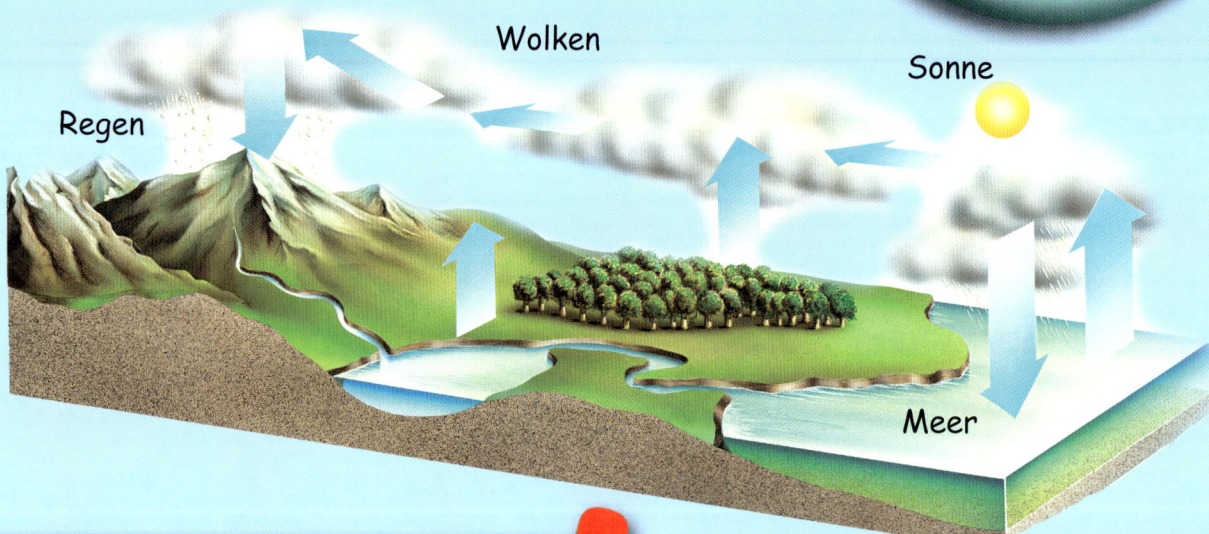

Wolken

Sonne

Regen

Meer

WISSENS-BOX

Der trockenste Ort der Erde

Die Atacama-Wüste in Chile ist der trockenste Ort der Erde. An manchen Stellen regnet es nur einmal in mehreren Jahrhunderten! Die Wolken regnen ihr Wasser nämlich meist an den hohen Bergen am Rand der Wüste ab.

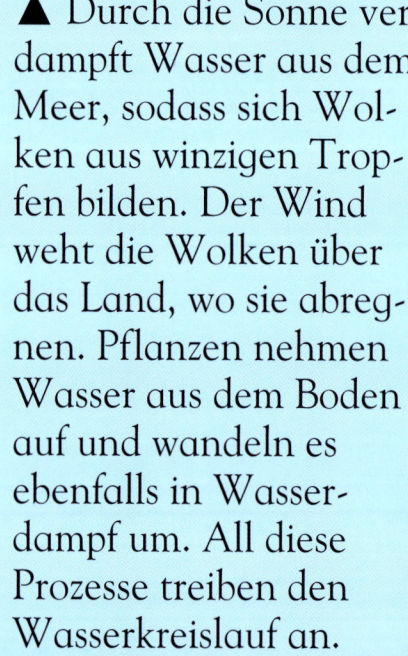

▲ Durch die Sonne verdampft Wasser aus dem Meer, sodass sich Wolken aus winzigen Tropfen bilden. Der Wind weht die Wolken über das Land, wo sie abregnen. Pflanzen nehmen Wasser aus dem Boden auf und wandeln es ebenfalls in Wasserdampf um. All diese Prozesse treiben den Wasserkreislauf an.

Zirruswolken

Altokumuluswolken

Stratokumuluswolken

Kumulonimbuswolken

Kumuluswolken

Nimbostratuswolken

Stratuswolken

▲ Hauptsächlich unterscheiden wir Kumulus-, Stratus- und Zirruswolken. Regenwolken tragen das Wort „Nimbus" im Namen, z. B. die Kumulonimbuswolken im Bild oben. Zirruswolken treiben sehr hoch am Himmel, Kumulus- und Stratuswolken dagegen relativ nahe über dem Boden. Wolken zwischen diesen beiden Höhen tragen das Wort „Alto" im Namen.

Alles klar?

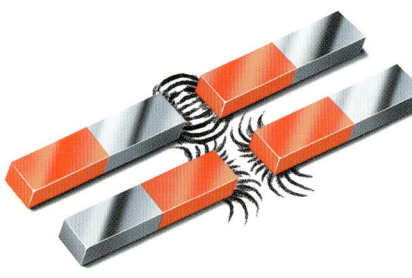

▲ Alles bewegt sich. Selbst wenn du scheinbar stillstehst, bewegst du dich mit der Erde durch den Weltraum.

▲ Alle Gegenstände ziehen einander mit ihrer Schwerkraft an.

▲ Wellen verschiedener Länge haben verschiedene Farben.

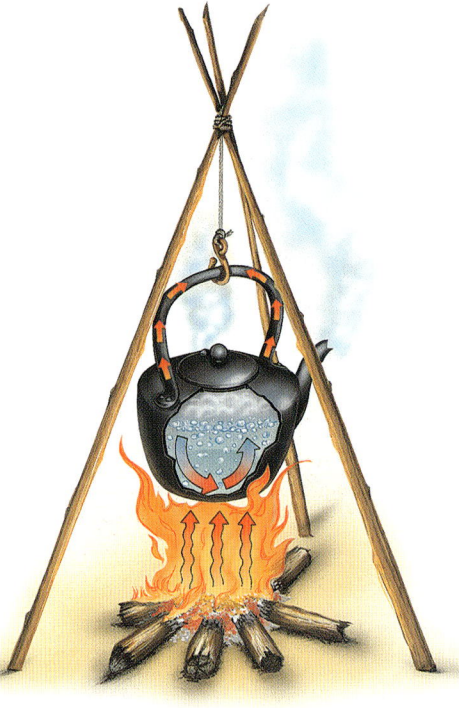

▲ Die Temperatur gibt an, wie warm oder kalt etwas ist. Kälte ist Abwesenheit von Wärme.

▲ Töne entstehen, wenn Luft (oder Wasser) in kurzen Abständen wellenförmig zusammengepresst wird. Je kürzer die Wellen, desto höher klingt der Ton.

▲ Magnete ziehen andere Magnete an oder stoßen sie ab. Bestimmte Metalle ziehen sie an.

▲ Es gibt viele Formen von Energie, z. B. Licht, Schall, Wärme, Elektrizität, Bewegung und Magnetismus.

▲ Die meiste Energie erhält die Erde von der Sonne. Ein Teil davon ist in Kohle, Erdöl und Erdgas gebunden.

Die stoffliche Welt

Die Sonne, die Sterne, der Mond, die Erde und alles, was auf ihr lebt – auch du selbst –, bestehen aus Stoffen. Die Stoffe wiederum bestehen aus Atomen. Atome sind winzige Teilchen, die man nicht einmal sehen kann. Stoffe sind für uns Menschen lebensnotwendig, von der Nahrung über die Luft zum Atmen bis hin zur Kleidung, die wir tragen.

Festkörper

Dinge mit fester Form wie Holzstücke oder Steine nennt man Festkörper. Weil in Festkörpern die Atome (siehe unten) fest miteinander verbunden sind, kann man sie nur schwer zerteilen.

(siehe unten)

WAS IST AM HÄRTESTEN?

Die härtesten natürlichen und auch künstlich hergestellten Festkörper sind Diamanten.

Quarz-kristalle

Für Superschlaue

Atome

Atome sind so winzig klein, dass man sie nicht mit bloßem Auge sieht. Alle Stoffe, ob fest, flüssig oder gasförmig, bestehen aus Atomen. Ein einziger Wassertropfen enthält über 1 Trilliarde Atome.

▲ Viele Festkörper bestehen aus Kristallen. Kristalle bilden sich, wenn Atome sich in einem bestimmten Muster aneinanderbinden. Meist sind sie so klein, dass man sie nicht sieht.

◄ Natürliche Materialien wie Holz gibt es in der Natur und werden dann nur verarbeitet. Holz dient zum Verbrennen, zum Bauen und zur Herstellung von Papier und Möbeln.

▶ Fast alle Metalle sind in Gesteine, den sogenannten „Erzen" (siehe Seite 79), eingebettet. Gold liegt dagegen in reiner Form vor. Es glänzt auch noch nach Jahrtausenden.

Goldene Statue des Tutanchamun

◀ Wenn man Festkörper erhitzt, werden sie flüssig. Diesen Vorgang nennt man schmelzen. Auch Eis wird in der Wärme flüssig.

▲ „Künstliche" Materialien werden von Menschen hergestellt. Sie haben oft einen bestimmten Zweck, z. B. Kleidung wasserdicht zu machen.

IDEEN-ECKE

Seltsame Eier

Lege ein Ei in eine Tasse und bedecke es mit Essig. Nach ein paar Tagen wird die Eierschale weich. Kalzium sorgt dafür, dass Eierschalen hart sind – der Essig entzieht der Schale das Kalzium.

Festkörper

Flüssigkeiten

Flüssigkeiten passen ihre Form dem Behälter an, in den sie geschüttet werden. Weil ihre Moleküle nicht so fest zusammenhängen, können sie leicht aneinander vorbeigleiten.

◀ Wasser verdampft beim Kochen. Dampf ist ein Gemisch aus heißem (unsichtbarem) Gas und Wolken aus Wassertröpfchen.

▶ Das einzige Metall, das bei Zimmertemperatur flüssig ist, ist Quecksilber.

Für Superschlaue

Supraflüssigkeiten

Flüssigkristalle verhalten sich wie Flüssigkeiten, sie können aber auch wie Kristalle Muster bilden (siehe Seite 66). Die Musterbildung lässt sich durch Elektrizität steuern. Flüssigkristalle werden z.B. in Bildschirmen verwendet (siehe rechts).

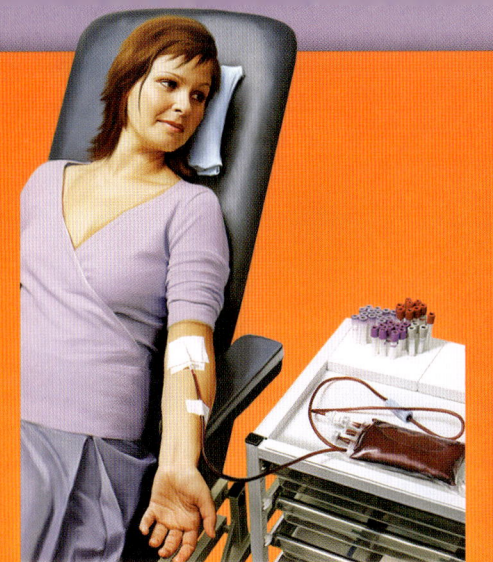

▶ Wasser ist für alle Lebewesen auf der Erde lebensnotwendig. Pflanzen nehmen es aus dem Boden auf, Tiere trinken es und Fische schwimmen darin. Wolken tragen das Wasser um die ganze Erde.

▲ Blut besteht hauptsächlich aus Wasser. Im Blut sind Zucker, Gase und andere Stoffe gelöst und Zellen (siehe Seite 99) schwimmen darin. Diese Frau spendet Blut, das einem Kranken oder Verletzten helfen wird.

▼ Dinge, die wir als Festkörper kennen, z. B. Steine, werden bei großer Hitze flüssig. Lava aus einem Vulkan ist geschmolzenes Gestein.

IDEEN-ECKE

Seltsame Flüssigkeiten

Schütte etwas Speiseöl in ein mit Wasser gefülltes Glas (es schwimmt auf dem Wasser) und gib zwei Löffel Salz dazu. Es bilden sich seltsame Blasen, weil das Salz das Öl nach unten zieht und es wieder aufsteigen lässt. Bald wird das Salz unsichtbar, weil es sich im Wasser löst.

Gase

In Gasen sind die Moleküle weiter voneinander entfernt als in Festkörpern und Flüssigkeiten. Füllt man Gas in einen Behälter, verteilt es sich gleichmäßig darin. Gase sind meist durchsichtig.

John Dalton (1766–1844)

Dalton erkannte, dass Gase sich beim Erwärmen ausdehnen. Außerdem trug er zur Entwicklung der modernen Theorie der Atome, Verbindungen und Elemente bei (siehe Seite 72).

? RIECHEN GASE?

Manche Gase riechen sehr stark! Schwefelwasserstoff ist für den Gestank von faulen Eiern und Pupsen verantwortlich. Mit Ammoniak, das sehr intensiv riecht, kann man Bewusstlose aufwecken.

▲ Eine Explosion ereignet sich, wenn sich sehr schnell große Mengen von Gas bilden. Schießpulver wurde schon vor Hunderten von Jahren erfunden. Gebäude werden meist mit dem Sprengstoff TNT (Trinitrotoluol) gesprengt. Nitroglyzerin ist eine Flüssigkeit, die explodiert, wenn sie plötzlich bewegt wird.

◀ Das Gas Helium ist leichter als Luft, sodass Luftballons, die mit Helium gefüllt sind, aufsteigen und davonfliegen.

▲ Hefe besteht aus winzigen Lebewesen. Vermischt mit Mehl und Wasser erzeugen sie Kohlendioxid, sodass die Mischung (der Teig links im Bild) aufgeht. Aus einer solchen Hefemischung bäckt man z. B. Brot.

▶ Gase lassen sich in Flüssigkeiten auflösen. Getränke sprudeln, weil Kohlendioxid in ihnen aufgelöst wurde.

▶ Kühlt man Gase ab, werden sie flüssig. Wenn Luft mit viel Wasserdampf einen kalten Spiegel berührt, verwandelt sich der Dampf in winzige Wassertropfen. Der Spiegel „beschlägt".

IDEEN-ECKE

Kohlendioxid erzeugen

Fülle eine kleine Flasche etwa zu $\frac{1}{4}$ mit Essig und fülle mithilfe eines Trichters Natron in einen Luftballon. Wenn du das Ende des Luftballons über den Flaschenhals spannst und den Ballon aufrichtest, sodass das Natron in den Essig fällt, wird der Luftballon mit Kohlendioxid (CO_2) aufgeblasen.

Elemente

Alle Dinge bestehen aus Elementen und Elemente können sich verbinden. Wasser ist z.B. eine Verbindung aus den Elementen Wasserstoff und Sauerstoff.

Bleistift und Grafit

Diamant

◀ Ein Element kann in verschiedenen Formen auftreten. Grafit und Diamant sind zwei Formen des Elements Kohlenstoff: Diamant ist sehr hart, Grafit dagegen ist weich. Bleistiftminen bestehen aus Grafit.

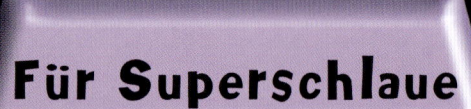

Für Superschlaue

Moleküle

Moleküle sind Verbindungen von Atomen (siehe Seite 66). Manche bestehen aus verschiedenen Atomen, andere nur aus Atomen eines Elements: Sauerstoffmoleküle bestehen z.B. aus zwei Sauerstoffatomen.

▶ Das Element Neon ist bei Zimmertemperatur gasförmig. Es wird in Lampen und Leuchtreklamen verwendet, z.B. für dieses Neonschild eines Papageis.

Natrium

Chlor

Salz

Kurzlebige Elemente

Es gibt 117 Elemente. 92 von ihnen kommen natürlich vor, die übrigen 25 sind künstlich, also vom Menschen geschaffen. Viele künstliche Elemente zerfallen nach ihrer Entstehung gleich wieder – oft schon nach Bruchteilen von Sekunden.

▲ Elemente gehen Verbindungen mit anderen Elementen ein. Salz ist eine Verbindung aus Natrium, einem weichen Metall, und Chlor, einem giftigen Gas.

Strontium-chlorid

Kupfer-sulfat

Kupfer-chlorid

Natrium-chlorid

▲ Verbrennt man Elemente und Verbindungen, hat die Flamme oft eine bestimmte Farbe. Alle oben gezeigten Verbindungen sind Salze. Küchensalz heißt Natriumchlorid.

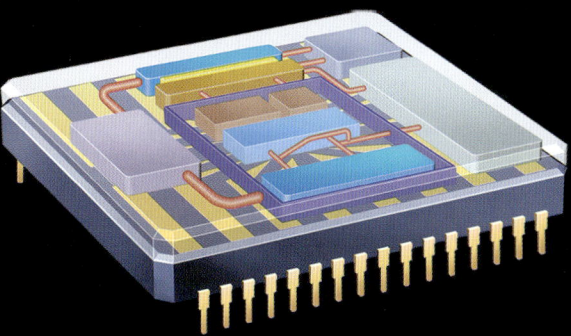

▲ Verbindet man Silizium mit bestimmten Elementen, verändert sich seine Stromleitfähigkeit. Deshalb stellt man daraus Mikrochips her (siehe Seite 26).

Dmitri Mendelejew (1834–1907)

Mendelejew ordnete die Elemente nach ihrem Gewicht und ihrem Verhalten in einer Tabelle, die heute als „Periodensystem der Elemente" bekannt ist.

Elemente

Chemische Reaktionen

Stoffe, die nur aus einer Art von Molekülen bestehen, nennt man Reinstoffe. Beispiele sind Wasser, Salz, Zucker und Kohlendioxid. Reinstoffe verändern sich in chemischen Reaktionen.

Erhitztes Ei

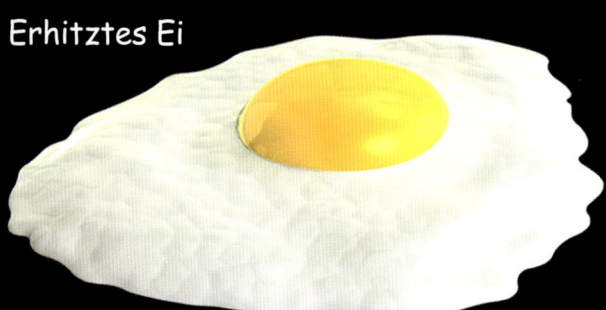

▲ Erwärmung kann eine chemische Reaktion auslösen. Rohes Eiweiß ist durchsichtig, aber wenn man es erhitzt, wird es weiß. Diese Reaktion lässt sich nicht rückgängig machen.

Für Superschlaue

Forensik

Forensik ist der Einsatz wissenschaftlicher Methoden bei der Aufklärung von Straftaten. Chemische Blutuntersuchungen zeigen, ob jemand vergiftet wurde, und man kann genau feststellen, wann er gestorben ist.

▶ Feuerwerksraketen enthalten Chemikalien, die schnell verbrennen und dabei Gase erzeugen, die die Raketen in die Höhe schießen. Für die farbigen Feuerspuren werden wieder andere Chemikalien verbrannt.

Marie Curie (1867–1934)

Curie trennte auf chemischem Weg winzige Mengen des Elements Radium von vielen Tonnen des Erzes (siehe Seite 79) Pechblende. Radium leuchtet im Dunkeln. Es ist krebserregend, kann ihn aber auch heilen.

▲ Zuckerwatte besteht hauptsächlich aus Zucker. Saccharose ist ein Zucker mit der chemischen Formel $C_{12}H_{22}O_{11}$. Sie besteht aus Kohlenstoff (C), Wasserstoff (H) und Sauerstoff (O).

IDEEN-ECKE

Bunte Chemie

Bitte einen Erwachsenen, etwas Rotkohl zu schneiden und ihn mit sehr heißem Wasser zu übergießen. Gib nach 20 Minuten einige Löffel der Flüssigkeit in Zitronensaft und löffle ein wenig davon auf Natronpulver oder mische sie z.B. mit Zahnpasta oder Essig. Stoffe, die das Kohlwasser rot färben, heißen „Säuren". Stoffe, die es blau färben, heißen „Basen".

Luft

Die Erde ist von einer Luftschicht, der Atmosphäre, umgeben. Luft ist ein Gemisch aus verschiedenen Gasen und sie enthält auch Staub. Alle Lebewesen auf der Erde brauchen die Gase in der Luft zum Leben.

FINDEST DU'S?
1. Wasser
2. Wolken
3. Tortendiagramm
4. Wälder
5. Jumbojet
6. Spaceshuttle

▶ Fliegt man in einer Rakete hoch hinauf, stellt man fest, dass die Luft immer dünner wird und schließlich ganz verschwindet. Im All ist der Himmel schwarz statt blau, und die Sterne sind immer sichtbar.

Meteoritenschauer

Passagierflugzeug

Stickstoff

Sauerstoff

Wolken

Argon und Kohlendioxid

Segelflugzeug

▲ Luft besteht hauptsächlich aus Stickstoff und etwas Sauerstoff. Dazu kommen ein wenig Argon und Kohlendioxid. Wir Menschen brauchen nur den Sauerstoff.

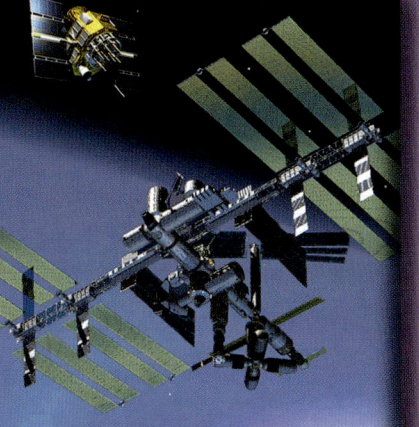

Internationale
Raumstation
(ISS)

Nordlicht

Antoine-Laurent de Lavoisier (1743–1794)

Lavoisier entdeckte, dass beim Rosten, Verbrennen und Atmen Sauerstoff verbraucht wird. Er erkannte auch, dass sich Stoffe bei chemischen Reaktionen nur in andere Stoffe umwandeln.

Spaceshuttle

▶ Autos, Fabriken und Brände setzen chemische Schadstoffe in die Luft frei, die den Lebewesen schaden können. Manche Schadstoffe bewirken, dass die Sonnenwärme in der Atmosphäre gespeichert wird, sodass sich die Erde erwärmt.

IDEEN-ECKE

Unsichtbares Wasser

Fülle ein Glas mit Eiswürfeln. Mit der Zeit wird die Außenwand des Glases feucht, weil sich Wassertropfen aus der Luft ablagern (oder kondensieren). Luft enthält viel Wasser, das gasförmig und somit unsichtbar ist.

Gesteine

In Mineralen sind chemische Stoffe in bestimmten Mustern angeordnet. Gestein besteht aus verschiedenen Mineralen. Die Wissenschaft der Gesteine heißt Geologie.

Smaragd

Amethyst

Zitrin

Granat

Aquamarin

▲ Gesteinsarten, die sich aus anderen bilden, heißen „metamorphe Gesteine". Marmor ist ein metamorphes Gestein. Er wird gern für Statuen verwendet.

? WIE ENTSTEHT ERDE?

Wenn Steine durch den Einfluss des Wetters in winzige Stücke zerlegt werden, entsteht Erde. Erdboden enthält zudem Wasser, Luft, winzige Lebewesen und die Überreste toter Pflanzen und Tiere.

◄ Granit ist Vulkangestein. Vulkangestein bildet sich, wenn unterirdische Lava abkühlt und aushärtet. Dies ist ein Granitfelsen – ein großer Granitblock, der aus dem Boden ragt.

▼ Edelsteine sind schön aussehende Minerale. Sie werden geschnitten, geschliffen und zu Schmuck verarbeitet. Große Edelsteine sind sehr teuer, weil man sie nur selten findet.

Rubin

Topas

Rosa Saphir

Gelber Saphir

Diamant

Das Alter der Gesteine

Altes Gestein liegt oft tief in der Erde verborgen, aber an manchen Orten kann man es an der Erdoberfläche finden. 2008 fanden Forscher Steine, die womöglich 4,28 Milliarden Jahre alt sind.

▲ Gesteine, die Edelsteine oder nützliche Metalle enthalten, heißen „Erze". In modernen Bergwerken kommen riesige Maschinen wie diese zum Einsatz. Sie graben dicht unter der Oberfläche nach Erzen.

Stalagmit

Stalaktit

▲ Kalkstein bildet sich, wenn im Wasser gelöste chemische Stoffe sich ablagern. In Kalksteinhöhlen findet man Stalagmiten und Stalaktiten.

IDEEN-ECKE
Stalaktiten herstellen

Löse viel Zucker in warmem Wasser auf und fülle es in zwei Gläser. Hänge die zwei Enden eines 20 cm langen Wollfadens hinein und stelle eine Untertasse dazwischen. Mit der Zeit wachsen am Faden Stalaktiten.

Bauen mit Ziegeln

Seit Jahrtausenden bauen wir mit Holz, Ziegeln, Stein und Beton. Moderne Gebäude, besonders die großen, werden oft aus Stahl und Beton gebaut. Dazu kommen noch Metall, Kunststoff und Glas.

FINDEST DU'S?
1. Brücken
2. Wolkenkratzer
3. Straße
4. Kran
5. Sand
6. Stahlträger

▶ Die wichtigsten Gebäude, Straßen, Brücken und Bahnlinien in modernen Städten werden schon bei der Planung sinnvoll angeordnet, denn die Menschen sollen sich einfach und sicher in der Stadt bewegen können.

▲ Ziegel bestehen meist aus Lehm. Sie werden im Ofen gebrannt, damit sie hart werden, und dann mit Mörtel verbunden. Mörtel ist ein Gemisch aus Zement, Sand und Wasser.

Das höchste Gebäude

Das höchste Gebäude der Welt ist der über 800 m hohe Burj Dubai, ein Wolkenkratzer in der Stadt Dubai (Vereinigte Arabische Emirate).

▲ Hier entsteht ein Hochhaus aus Stahl und Beton. Beton besteht aus Zement, Sand, Wasser und anderen Stoffen. Zement ist hauptsächlich pulverisierter Kalkstein.

SEIT WANN GIBT ES ZIEGEL?

Ziegel gibt es seit über 9000 Jahren. Damals hielten sie weniger aus als heutige Ziegel, weil sie nicht im Ofen gebrannt, sondern nur in der Sonne getrocknet wurden.

Metalle

Die meisten Elemente sind
Metalle. Sie sind grau, glänzend,
schwer, ein wenig biegsam und
sie leiten Strom und Wärme.
Aus Metall werden Maschinen
und andere nützliche Dinge
hergestellt.

▶ Seit über 5000 Jahren
stellen Menschen aus den
glänzenden und haltbaren
Metallen Münzen und
andere Gegenstände her.
Manche Metalle sind sehr
selten und daher wert-
voller als andere.

Rostiges
Eisen

Gold

Messing (Kupfer + Zink)

Kupfer

Für Superschlaue

Stahl

Mischt man Eisen mit Kohlenstoff
und anderen Elementen, erhält
man Stahl, ein sehr belastbares
Metall. Metalle, die mit anderen
Elementen vermischt werden, heißen
„Legierungen". Diese sind meist härter
als die ursprünglichen Metalle.

Silber

Bronze
(Kupfer
+ Zinn)

Hartzinn (Zinn + Kup-
fer + Antimon + Blei)

Glänzendes
Kupfer

Angelau-
fenes
Kupfer

FINDEST DU'S?

1. 4 Kelche
2. 10 Teller
3. 3 Deckel
4. 1 Verschluss
5. 1 Griff
6. 3 Kerzenhalter

IDEEN-ECKE

Rost erzeugen

Lege ein altes Tablett mit Küchentüchern aus und lege
ein paar billige Metallgegenstände, z. B. alte Nägel oder
Scheren darauf. Verteile Salz und Zitronensaft darüber.
Nach ein paar Tagen wird
manches davon rostig. Rost ist
eine Verbindung aus Eisen
und Sauerstoff.

Holz und Papier

Holz ist ein vielseitig verwendbares natürliches Material. Es ist belastbar, relativ leicht und einfach zuzuschneiden. Wenn man es entsprechend behandelt, hält es sehr lange.

▶ Papier wird für viele Zwecke passend hergestellt: Toilettenpapier lässt sich leicht abreißen, Briefumschläge sind fest und Druckpapier ist glatt.

▲ Dies ist ein Teakbaum (rechts oben). Teakholz ist sehr hart und langlebig. Es wird für Schiffsdecks verwendet, die viel Regen und Salzwasser aushalten müssen.

▲ Aus Eichen werden oft Balken und Bretter für Hausgerüste hergestellt (rechts). Eichenholz ist stark, relativ leicht und sehr robust.

Für Superschlaue

Sperrholz

Sperrholz besteht aus vielen aneinandergeklebten, dünnen Holzschichten. Es ist hart, verändert kaum die Form (wie es normales Holz tut) und lässt sich leicht zuschneiden. Möbel, Schiffe und Gebäude werden oft aus Sperrholz gebaut.

▶ Papier besteht hauptsächlich aus Holz. Holz ist fest, weil es Zellulose enthält. Die Zellulose sorgt auch dafür, dass Papier nicht so leicht reißt.

Holz wird in Späne zersägt.

Sie werden mit Chemikalien vermischt.

Die Flüssigkeit wird herausgepresst. Das Papier wird getrocknet.

Das fertige Papier wird zum Transport aufgerollt.

IDEEN-ECKE

Reißfestigkeit

Sammle verschiedene Arten von Papier und rate, wie reißfest sie sind. Schneide je ein Quadrat von 10 cm Seitenlänge aus, reiße es in der Mitte durch und notiere, wie schwer es zu zerreißen war. Hast du richtig geschätzt?

Glas

Glas besteht vor allem aus Sauerstoff und Silizium. Anders als die meisten Festkörper ist Glas oft durchsichtig. Daher verwenden wir es für Fenster und Flaschen.

◄ Erhitzt man Glas, wird es weich und leicht formbar. So lassen sich verschiedene hohle Gegenstände daraus blasen.

Für Superschlaue

Hartglas

Der größte Nachteil des Glases ist, dass es so leicht zerbricht. Daher ist es gut, dass man es härten kann. Dazu muss man es entweder langsam und vorsichtig erhitzen oder Kalium hinzufügen.

▲ Gibt man Metallverbindungen in die Glasschmelze, erhält man farbiges Glas. Für dieses Bleiglasfenster wurden bunt gefärbte Glastücke mit Bleistreifen aneinandergefügt. Solche Fenster findet man häufig in Kirchen.

▲ Obsidian ist ein dunkles Glas, das auf natürliche Weise aus Lava entsteht. Wie bei den meisten Glasarten sind seine Bruchkanten scharf. Früher stellten die Menschen daraus scharfkantige Waffen her.

▶ Da Glas von den meisten Chemikalien nicht angegriffen wird und beim Erhitzen nicht kaputtgeht, werden daraus oft die Gefäße für ein Labor hergestellt.

▶ Moderne Gebäude sind oft doppelt verglast, damit es innen hell ist. Zwischen zwei Schichten Glas befindet sich eine Luftschicht, die gut gegen Lärm, Hitze und Kälte isoliert.

G l a s

Brennstoffe

Brennstoffe wie Erdöl, Kohle und verschiedene Gase werden verbraucht, um Energie (siehe Seite 58) zu erzeugen. Aus Erdöl werden auch nützliche Chemikalien hergestellt.

(siehe Seite 58)

IST DAS VERBRENNEN SCHÄDLICH?

Wenn wir Öl, Gas und Kohle verbrennen, wird die Umwelt erwärmt und verschmutzt. Man kann Energie auch aus Wasser, Sonne oder Wind erzeugen.

▲ Kohle entstand aus uralten Pflanzenresten. Sie wird aus unterirdischen Bergwerken gefördert (siehe Seite 58) und meist in Kraftwerken verbrannt, um Strom zu erzeugen.

(siehe Seite 58)

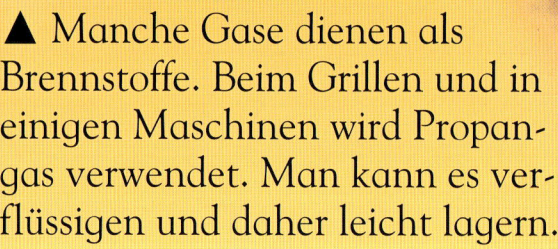

▲ Manche Gase dienen als Brennstoffe. Beim Grillen und in einigen Maschinen wird Propangas verwendet. Man kann es verflüssigen und daher leicht lagern.

Für Superschlaue

Organische Chemie

Die organische Chemie erforscht alle chemischen Stoffe, die hauptsächlich aus Kohlenstoff und Wasserstoff bestehen. Es gibt sehr viele davon. Auch alle Lebewesen bestehen aus diesen sogenannten organischen Stoffen.

▶ Holz wird seit Jahrtausenden als Brennstoff verwendet. Bei der Verbrennung von Holz (oder anderen Stoffen) wird Sauerstoff verbraucht und Kohlendioxid erzeugt.

Kohlendioxidgas

Sauerstoffgas

Benzin

Kerzen

Schmieröl

Farbe

◀ Aus der Erde wird „Rohöl" gefördert. Es besteht aus mehreren chemischen Stoffen, die getrennt werden können. Sie lassen sich im Naturzustand verwenden oder in andere Stoffe umwandeln.

▶ Erdöl und Erdgas befinden sich tief unter der Erde. Liegen sie unter dem Meeresgrund, werden sie über sogenannte Plattformen nach oben befördert. Diese sind entweder am Meeresgrund verankert oder schwimmen auf dem Wasser.

FINDEST DU'S?
1. Turm
2. 2 Kräne
3. Hubschrauber
4. Hubschrauber-landeplatz
5. Horizont

Brennstoffe

Kunststoff und Gummi

Kunststoff und Gummi bestehen aus Polymeren. Das sind lange, dünne Moleküle (siehe Seite 68), die aus Tausenden von Atomen bestehen. Kunststoffe werden künstlich hergestellt. Gummi gibt es in natürlicher und künstlicher Form.

Kunstblut

Verletzte, die viel Blut verloren haben, erhalten oft Blut, das von anderen Menschen gespendet wurde. Kunstblut, das Kunststoffmoleküle enthält, lässt sich länger lagern als echtes.

◄ Es gibt viele Dinge aus Kunststoff, z.B. Verpackungsfolien, Getränkeflaschen oder Behälter, die sogar im Backofen nicht schmelzen. Sehr harte Kunststoffe werden auch für Möbel oder als Baustoffe verwendet.

◄ Viele Kunststoffe sind sehr lange haltbar und schwer zu entsorgen. Vieles kann man aber in andere Dinge umwandeln. Das nennt man „Wiederverwertung" oder „Recycling".

◄ Diese Taucher tragen Taucheranzüge. Eine dünne Wasserschicht zwischen Haut und Anzug hält den Körper warm. Taucheranzüge bestehen aus Neopren, einem künstlich hergestellten Gummi.

Gummibaum

Gummi

FINDEST DU'S?
I. Taucheranzug
2. Sauerstoffflasche
3. Schlauchboot
4. Kunststoff-Taschenlampe
5. Flüssiger Gummi

▲ Natürlicher Gummi stammt von Gummibäumen. Erhitzt man ihn zusammen mit chemischen Stoffen wie Schwefel, wird er haltbarer. Dann kann man ihn zu nützlichen Dingen wie z. B. wasserdichten Gummistiefeln verarbeiten.

▲ Dieses Boot kann man mit Luft füllen, es ist aufblasbar. Solche Schlauchboote sind leicht zu tragen. Meist bestehen sie aus dem Kunststoff PVC (Polyvinylchlorid).

Fasern und Farbstoffe

Kleidungsstücke bestehen meist aus Fasern, die verwebt oder gestrickt wurden. Gefärbt werden sie mit Farbstoffen. Fasern und Farbstoffe werden auch für viele andere Zwecke verwendet.

Schaf

Wollpullover

Jeansjacke

▼ Die Tinte in Stiften ist eine gefärbte Flüssigkeit, die schnell trocknet. Kleider werden mit ähnlichen Farbstoffen gefärbt. Natürliche Farbstoffe bleichen schneller aus als künstliche.

Baumwoll-
pflanze

▲ Viele Kleidungsstücke bestehen aus Wolle oder Baumwolle. Beides sind natürliche Fasern. Baumwolle stammt von einer Pflanze, Wolle dagegen von Schafen.

Für Superschlaue

Glasfasern

Aus Glas kann man sehr lange, dünne Fasern herstellen – die Glasfasern. Sie leiten Licht, selbst wenn sie gebogen werden. Man nutzt sie oft als Verbindungsleitungen zwischen Computern. Auch für Leuchtdekorationen werden sie verwendet.

Nylon

Kleidung wird oft aus Kunstfasern wie Nylon hergestellt. Weil die Nylonfaser sehr fest ist, macht man daraus z. B. Teppiche. Auch die Borsten von Zahnbürsten bestehen meist aus Nylon.

▲ Manche Boote bestehen aus Kunststoff mit sehr dünnen Glasfasern. Dieses Material nennt man Glasfasergewebe. Es ist sehr fest und leicht.

▶ Seide ist eine Naturfaser, die von Raupen und Spinnen produziert wird. Einige Spinnen weben ihre Netze aus Seide. Wir machen auch Kleidung daraus.

IDEEN-ECKE

Farben in der Tinte

Male mit dicken Filzstiften große Flecken auf ein etwa 15 cm langes Stück Küchenpapier und stelle es in ein Glas, das etwa 5 cm hoch mit Wasser gefüllt ist. Die Flecken werden langsam vom Wasser verwischt und man erkennt, dass manche Tinten aus mehreren Farben bestehen.

▲ Süßigkeiten werden mit Lebensmittelfarben gefärbt. Karmesin ist eine rote Lebensmittelfarbe, die aus gemahlenen Läusen gewonnen wird!

Technik

Ingenieure entwickeln und bauen viele Dinge wie Brücken, Fahrzeuge oder Computer. Dazu stellen sie oft künstliche Materialien her, die sich speziell dafür eignen, also z. B. besonders leicht, fest oder glatt sind.

▲ Chemikalien wie Düngemittel, Kunststoffe oder Brennstoffe stellt man in großen Chemiefabriken her.

▶ Flugzeuge bestehen aus vielen künstlichen Materialien. Die Fenster sind aus Hartglas, die Flugzeugzelle aus dem sehr leichten Metall Aluminium. Der Treibstoff wird so gemischt, dass die Motoren ruhig laufen.

Der längste Tunnel

Der Seikan-Eisenbahntunnel in Japan ist erstaunliche 23,3 km lang und verläuft zum größten Teil unter dem Ozean. Er ist der längste und tiefste Eisenbahntunnel der Welt.

WORTSCHATZ

Flugzeugzelle

Die Teile eines Flugzeugs ohne die Motoren.

Fabrik

Produktionsstätte von Waren.

Düngemittel

Ein chemisches Mittel, mit dem Pflanzen schneller wachsen.

▲ Wenn immer wieder das gleiche Teil hergestellt wird, z. B. Brote, spricht man von Fließbandproduktion. Die dafür nötigen Maschinen werden meist von Computern gesteuert.

Für Superschlaue

Intelligente Materialien

„Intelligente" Materialien besitzen besondere Fähigkeiten. Es gibt z. B. Sonnenbrillengläser aus einem Kunststoff, der immer dunkler wird, je heller die Sonne scheint. Manche Legierungen kann man in verschiedene Formen verbiegen, aber wenn man sie erwärmt, nehmen sie von selbst wieder die ursprüngliche Form an.

Alles klar?

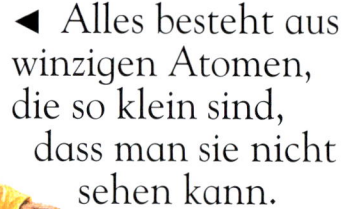

◄ Alles besteht aus winzigen Atomen, die so klein sind, dass man sie nicht sehen kann.

► Ein Reinstoff ist ein Stoff, der nur aus einer Art von Molekül oder Element besteht. Salz (chemischer Name: Natriumchlorid) ist ein Reinstoff.

► Kleidungsstücke bestehen meist aus Fasern. Es gibt natürliche (z. B. Baumwolle) und künstliche Fasern (z. B. Nylon).

▲ Manche Stoffe (z. B. Gold) nennt man Elemente. Andere Stoffe (z. B. Wasser) nennt man Verbindungen, da sie aus verschiedenen Elementen bestehen.

▲ Stoffe können fest, flüssig oder gasförmig sein. Feste Stoffe werden meist flüssig, wenn sie stark erhitzt werden. Bei noch höheren Temperaturen werden sie gasförmig.

▲ Atome können sich zu Molekülen verbinden. Zwei Wasserstoffatome und ein Sauerstoffatom ergeben ein Wassermolekül.

▲ Menschen verwenden natürliche Stoffe wie Holz oder Gummi, aber auch künstlich hergestellte Stoffe wie Kunststoff und Beton.

▲ Luft ist ein Gasgemisch. Eines der Gase ist der Sauerstoff, den wir zum Atmen brauchen.

Lebewesen

Du bist ein Mensch. Der Mensch ist nur eine von vielen Millionen Arten von Lebewesen, die auf der Erde leben. Unter den Lebewesen herrscht eine erstaunliche Vielfalt: Ein Grashalm sieht ganz anders aus als ein Adler. Aber alle Lebewesen leben nach den gleichen Naturgesetzen.

Was ist Leben?

Auf den ersten Blick haben eine Ameise und ein Baum zwar nichts gemeinsam, aber es gibt sieben Dinge, die alle Lebewesen tun: Sie bewegen sich, atmen, essen, erzeugen Abfall, reagieren, wachsen und vermehren sich.

▶ Alle Lebewesen können sich bewegen. Einige können fliegen, andere schwimmen, graben, gehen oder kriechen. Auch Pflanzen bewegen sich, selbst wenn sie meist am selben Ort bleiben: Blumen z. B. öffnen sich im Sonnenlicht.

▲
Viele Tiere – auch der Mensch – schlafen. Dabei werden die lebenswichtigen Prozesse (wie das Atmen) nicht unterbrochen.

FINDEST DU'S?

1. Blätter
2. 2 Zungen
3. Flügel
4. Wurzeln
5. Schnäbel
6. Seerosenblätter

▼ Tiere atmen und fressen. Später scheiden sie die Überreste der Nahrung aus. Auch Pflanzen „atmen" und nehmen Nahrung auf. Was sie brauchen, holen sie sich aus Luft und Wasser.

Für Superschlaue

Zellen

Jedes Lebewesen besteht aus einem oder mehreren Bausteinen, die wir Zellen nennen. Dein Körper hat viele Billionen Zellen. Es gibt verschiedene Zellarten wie Blut- oder Muskelzellen. Viele Zellen zusammen bilden ein Gewebe, z. B. das Muskelgewebe.

◄ Lebewesen reagieren auf äußere Reize. Diese Petersilie wächst in Richtung Sonnenlicht, weil sie das Licht zum Wachsen braucht.

▲ Alle Lebewesen wachsen. Gemüse wie Blumenkohl, Weißkohl und Bohnen durchlaufen dabei mehrere Phasen – vom Saatkorn über den Keimling bis hin zur ausgewachsenen Pflanze.

▲ Lebewesen pflanzen sich fort, das heißt, sie bringen neue Lebewesen hervor, die ihnen gleichen. Die meisten Schlangen legen dazu Eier.

Systematik

Jedes Lebewesen gehört zu einer Art und ähnliche Arten werden in fünf übergeordnete Gruppen zusammengefasst. Menschen gehören zur Art *Homo sapiens* und sind den Tieren zugeordnet.

Carl von Linné (1707–1778)

Linné erfand die noch heute gültige Methode, Arten zu benennen. Er fasste die Arten zu Gruppen zusammen.

▶ Alle Pflanzen nehmen Sonnenlicht auf und verwerten es. Pilze können das nicht. Sie ernähren sich von lebenden oder toten Tieren, Pflanzen oder deren Abfall.

Pflanzen

Pilze

Blütenpflanzen

Blütenlose Pflanzen

Storchschnabel

Moose

Fliegenpilz

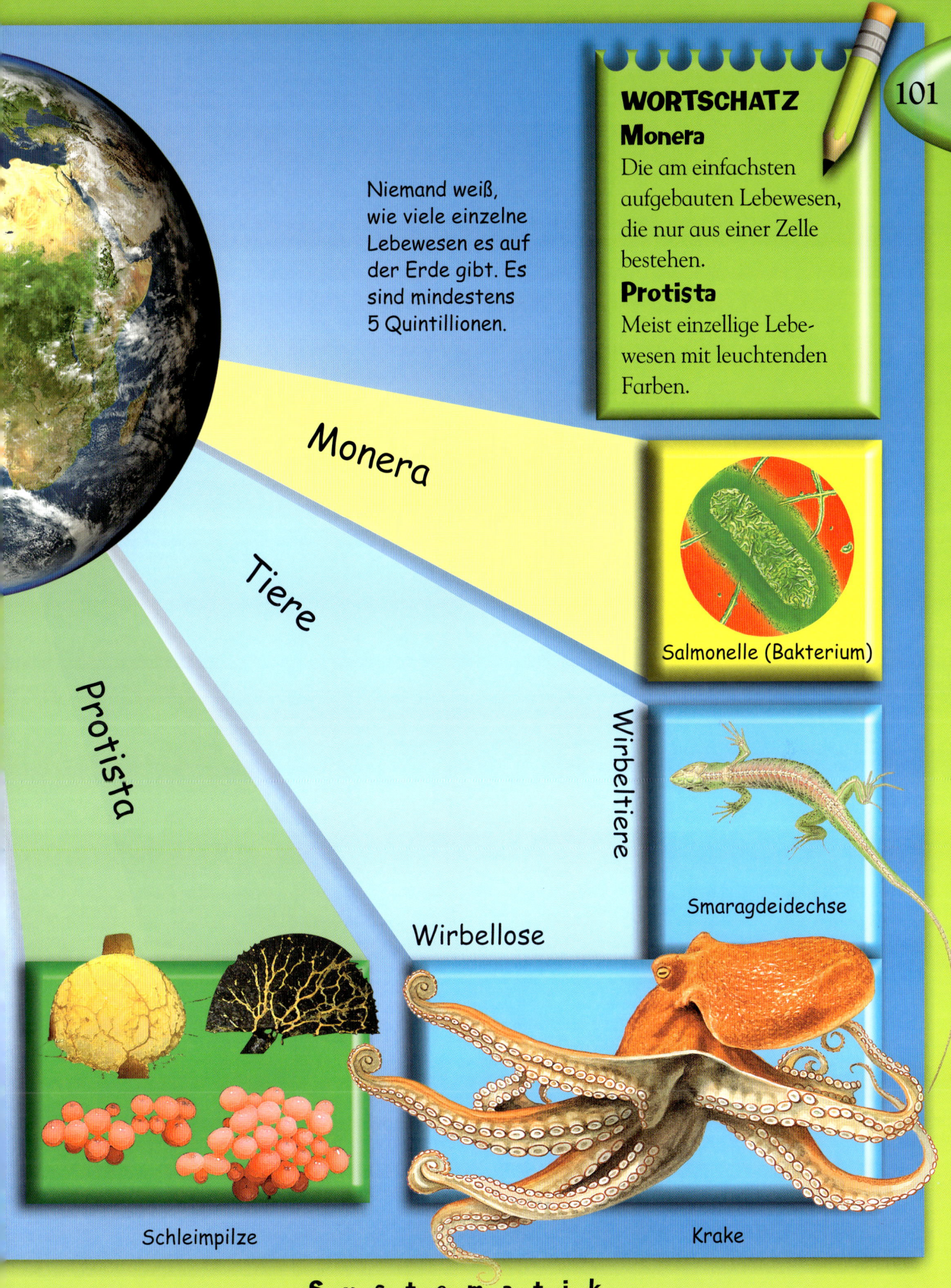

WORTSCHATZ

Monera
Die am einfachsten aufgebauten Lebewesen, die nur aus einer Zelle bestehen.

Protista
Meist einzellige Lebewesen mit leuchtenden Farben.

Niemand weiß, wie viele einzelne Lebewesen es auf der Erde gibt. Es sind mindestens 5 Quintillionen.

Monera

Tiere

Protista

Wirbeltiere

Wirbellose

Salmonelle (Bakterium)

Smaragdeidechse

Schleimpilze

Krake

Systematik

Tiere

Die Tiere werden eingeteilt in „Wirbeltiere" und „wirbellose Tiere". Säugetiere, Vögel, Reptilien, Fische und Amphibien sind Wirbeltiere. Zu den wirbellosen Tieren gehören z. B. Weichtiere und Kopffüßer, aber es gibt noch viele mehr.

▲ Dieser Pfeilgiftfrosch ist eine Amphibie. Amphibien werden im Wasser geboren, aber später verändert sich ihr Körper, sodass sie an Land leben können.

Kiemen

▲ Fische leben unter Wasser. Sie atmen durch Kiemen, ihr Körper ist mit Schuppen bedeckt und sie bewegen sich mithilfe ihrer Flossen. Hier siehst du einen großen Weißen Hai, der kleinere Tiere jagt.

Rieseninsekten

Das schwerste Insekt ist der Goliathkäfer. Seine Larven wiegen bis zu 100 g, sind also schwerer als eine Tomate! Viel größer können Insekten nicht werden, weil sie nur durch die Haut atmen. Größere Tiere brauchen Kiemen oder Lungen, um genug Sauerstoff zu bekommen.

▶ Säugetiere ernähren ihre Jungen mit Milch. Die meisten gebären lebende Junge, manche legen auch Eier. Diese Feldmaus ist ein Säugetier, ebenso wie du.

WIE VIELE TIERARTEN GIBT ES?

Über 1 Million. Die meisten sind Insekten und 99 Prozent aller Tierarten sind kleiner als Hummeln. Jedes Jahr werden neue Arten entdeckt.

▶ Reptilien haben schuppige Haut und legen meistens Eier. Eidechsen, Schildkröten und Krokodile sind Reptilien. Auch Schlangen wie diese Lanzenotter gehören dazu.

▶ Vögel legen Eier und haben Federn, Schnäbel und Flügel – aber nicht alle können fliegen. Diese Rosenköpfchen sind nach der auffälligen Farbe ihrer Köpfe benannt. Paare bleiben ein Leben lang zusammen.

▲ Der Stamm der Gliederfüßer umfasst sehr viele Arten, z. B. alle Insekten, Krebse und Spinnen. Insekten wie dieser Hirschkäfer haben sechs Beine und ein hartes Außenskelett.

▲ Schnecken, Kalmare und Kraken sind lauter verschiedene Weichtiere. Viele von ihnen besitzen „Häuser" oder Schalen, die sie vor Feinden und vor dem Austrocknen schützen.

IDEEN-ECKE

Eine Tier-Collage

Nimm ein großes Blatt Papier und zeichne oder klebe Bilder deiner Lieblingstiere darauf. Bilder findest du z. B. im Internet, du kannst aber auch selbst fotografieren. Versuche von jeder auf dieser Seite beschriebenen Art ein Bild zu finden.

Pflanzen

Auch Pflanzen bestehen aus Zellen und reagieren auf ihre Umgebung. Ihre Nahrung erhalten sie aus dem Sonnenlicht. Die meisten Pflanzen entwickeln sich aus Samenkörnern.

WARUM SIND PFLANZEN GRÜN?

Die grüne Farbe stammt vom Chlorophyll, einem chemischen Stoff, der Energie (siehe Seite 106) der Sonne auffängt.

◀ Dieser Zapfen trägt Samen. Er stammt von einer Tanne, einem Nadelbaum. Nadelhölzer sind immergrün, das heißt, sie tragen das ganze Jahr über Blätter. Es gibt sie als Bäume oder Sträucher.

▶ Vor Millionen von Jahren, zur Zeit der Dinosaurier, gab es überall Schachtelhalme. Heute sind die meisten Arten ausgestorben, aber im Gestein finden wir noch Überreste (Fossilien). Schachtelhalme haben keine Blüten.

▼ Es gibt viele Arten von Blütenpflanzen. Sie wachsen aus Samenkörnern und sind auf der ganzen Erde verbreitet. Dies sind die Blüten einer Magnolie.

▼ Dieser Baumstamm ist mit Moos und Efeu bewachsen. Moose sind kleine Pflanzen, die dicht beisammen wachsen. Efeu kriecht über den Boden oder rankt sich an Wänden und Baumstämmen empor. Er trägt das ganze Jahr über Blätter.

Frauenhaarfarn

Die ältesten Bäume

Die älteste Baumart ist die Grannenkiefer. Sie kann bis zu 5000 Jahre alt werden. Eine berühmte Grannenkiefer mit dem Namen Prometheus gab es in Nevada (USA). Sie wurde 1964 versehentlich abgeholzt.

▲ Farne wachsen an feuchten Orten im Wald. Sie entwickeln sich aus Sporen. Ebenso wie Nadelhölzer und Blütenpflanzen haben sie im Inneren ein Gefäßsystem, das Nährstoffe und Wasser transportiert.

▶ Bei der Seerose sind Wurzeln und Stängel unter Wasser, Blätter und Blüten dagegen schwimmen auf der Oberfläche. Alle Unterwasserpflanzen leben dicht unter der Oberfläche, wo das Sonnenlicht sie erreicht.

Luft und Nahrung

Alle Lebewesen müssen Gase aufnehmen und abgeben (atmen). Zudem benötigen sie Energie. Tiere fressen deshalb andere Lebewesen, Pflanzen nehmen Energie aus dem Sonnenlicht auf.

WAS IST EINE NAHRUNGSKETTE?

Pflanzen und Tiere sind voneinander abhängig: Gräser werden z. B. von Mäusen gefressen, Mäuse von Schlangen und Schlangen wiederum von Adlern.

WORTSCHATZ

Fotosynthese
Pflanzen wandeln Sonnenlicht und Nährstoffe in andere chemische Stoffe um.

Chlorophyll
Ein grüner Pflanzenstoff, der für die Fotosynthese wichtig ist.

Durch winzige Löcher an der Blattunterseite werden Gase aufgenommen und abgegeben.

Blattzellen sind voller Chloroplasten, die Chlorophyll enthalten.

▶ Tagsüber nehmen die Blätter Kohlendioxid, Wasser und Sonnenlicht auf. Daraus stellen sie die chemischen Stoffe her, die die Pflanze braucht. Dabei geben sie Sauerstoff und Wasser ab.

Ein Blatt wächst aus dem Blattstiel.

▶ Unter Wasser lebende Tiere nehmen über die Kiemen Sauerstoff aus dem Wasser auf. Landtiere atmen mit der Lunge Luft. Kaulquappen haben Kiemen und entwickeln später Lungen, wenn sie sich in Frösche verwandeln.

Frosch

Kaulquappe

William Harvey (1578–1657)

Harvey erkannte, dass das Blut vom Herzen durch den Körper gepumpt wird. Heute wissen wir, dass das Blut Sauerstoff, Kohlendioxid und Nährstoffe transportiert.

▲ Viele Tiere, z. B. Zebras, sind Pflanzenfresser. Löwen sind Fleischfresser. Tiere, die beides fressen – wie auch der Mensch –, heißen Allesfresser. Einige wenige Pflanzen, z. B. die Venusfliegenfalle (siehe Seite 108), verzehren Tiere.

Sauerstoff

Atmung

Fotosynthese

Kohlendioxid

▶ Alle Pflanzen auf der Erde und in den Ozeanen geben Sauerstoff ab. Tiere wie diese Brüllaffen (oben) atmen Sauerstoff ein und geben Kohlendioxid ab, das von den Pflanzen aufgenommen wird. Nachts nehmen auch Pflanzen ein wenig Sauerstoff auf.

Bewegung

Tiere und Pflanzen können bestimmte Körperteile bewegen. Viele Pflanzen drehen ihre Blätter zur Sonne hin. Die meisten Tiere und einige sehr kleine, einfache Pflanzen können sich fortbewegen.

▲ Die meisten Tiere können sich bewegen, weil sie Muskeln haben – auch dieser Regenwurm. Wenn ein Tier sich bewegen will, sendet das Gehirn ein Signal an einen Muskel. Der zieht sich zusammen und das Tier bewegt sich.

▲ Viele Pflanzen bewegen ihre Blätter oder öffnen und schließen ihre Blüten. Mohnblumen öffnen die Blüten tagsüber und schließen sie nachts. Einige Pflanzen winden ihre Stängel um Gegenstände und ranken sich an ihnen nach oben.

In der Falle!

Pflanzen bewegen sich meist unmerklich langsam, doch die Venusfliegenfalle bewegt sich so schnell, dass man es kaum sieht. Wenn eine Fliege auf ihr landet, schnappen die Blätter in einer Zehntelsekunde zu! Dann wird die Fliege verdaut.

▼ Große Tiere wie Tiger und Wildschweine haben ein Skelett. Es besteht aus Knochen, an denen Muskeln befestigt sind. Muskeln arbeiten oft gruppenweise zusammen und bewegen die Knochen in verschiedene Richtungen.

◀ Die meisten Vögel, viele Insekten und auch ein paar andere Tiere können fliegen. Der Körper von Mauerseglern hat sich so entwickelt, dass er sehr schnell und wendig segeln kann. So kann er fliegende Insekten fangen und seinen Feinden entkommen.

? WIE HEISST DER SCHNELLSTE FISCH?

Der Fächerfisch kann über 100 km/h schnell schwimmen. Damit ist er fast so schnell wie ein Auto auf der Autobahn.

▲ Insekten und viele andere kleine Tiere wie Skorpione (oben) haben ein Außenskelett, ähnlich wie eine Ritterrüstung. Die Bewegungsmuskeln sind an der Innenseite des Skeletts befestigt. Während die Skorpione wachsen, fällt ihr Skelett mehrmals ab und wird durch ein größeres ersetzt.

◀ Fische sind oft stromlinienförmig und glatt, damit sie gut durchs Wasser gleiten. Viele haben Flossen, mit denen sie sich vorwärtsbewegen und steuern. Zudem haben viele Fische Schwimmblasen, die sie mit Luft füllen können, wenn sie aufwärts schwimmen wollen.

Fortpflanzung

Durch Fortpflanzung entstehen neue Lebewesen. Bei vielen Pflanzen und Tieren paaren sich zwei Elternteile (geschlechtliche Fortpflanzung), andere pflanzen sich allein (ungeschlechtlich) fort.

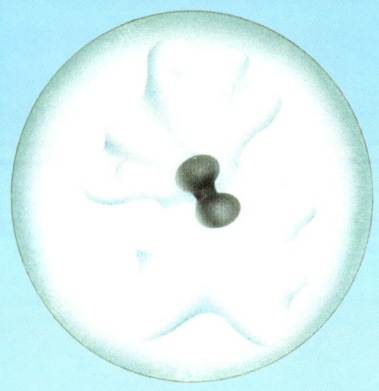

◀ Sehr einfache Lebewesen wie diese Amöbe können sich teilen. So erzeugen sie auf ungeschlechtliche Weise ein neues Lebewesen.

▲ Ein neuer Mensch entsteht, wenn die Samenzelle eines Mannes die Eizelle einer Frau befruchtet (mit ihr verschmilzt). Die Eizelle wächst dann in der Gebärmutter im Bauch der Frau zu einem Baby heran.

Trächtiger Papa

Bei Seepferdchen bringt nicht die Mutter, sondern der Vater die Babys zur Welt. Das Männchen befruchtet die Eier des Weibchens und dieses legt sie dann im Männchen ab. Zwei Wochen später werden bis zu 2000 Babys geboren!

◀ Weibliche Säugetiere säugen ihre Jungen. Ihr Körper stellt Muttermilch her, die die Jungen trinken. Menschen bekommen meist jeweils nur ein Baby. Kaninchen dagegen gebären viele Junge gleichzeitig in einem „Wurf". Kaninchenbabys werden etwa einen Monat lang gesäugt.

▲ Löwenzahnsamen haben einen „Fallschirm", sodass der Wind sie über weite Gebiete verstreut. Jede Löwenzahnblume hat viele Samen, aber nur wenige werden an günstige Orte geweht, wo sie wachsen können.

▲ Viele Pflanzen, auch dieser Hibiskus, pflanzen sich geschlechtlich fort: Insekten oder Vögel, wie der Rubinkehlkolibri, tragen Zellen von männlichen Pflanzen zu weiblichen Pflanzen und bestäuben sie so.

Für Superschlaue

Kreuzung

Werden zwei verschiedene Tier- oder Pflanzenarten miteinander gepaart, nennt man das Kreuzung. Ein Maultier stammt z. B. von einem männlichen Esel und einem weiblichen Pferd ab.

▶ Viele Tiere legen Eier, aus denen Junge schlüpfen. Krokodile bewachen ihre Eier und später auch ihre Jungen sehr aufmerksam. Trotzdem sterben die meisten Jungtiere – deshalb werden auch immer gleich so viele Eier gelegt.

Wachstum

Raupen schlüpfen
nach 4 Tagen.

Raupe lebt
2 Wochen.

Alle Lebewesen entwickeln sich aus einer Zelle. Viele wachsen bis zu ihrem Tod weiter. Manche Tiere lernen nützliche Fähigkeiten wie das Jagen.

▼ Blütenpflanzen entwickeln sich aus Samenkörnern. Diese müssen genug Nahrung enthalten, um eine Wurzel und Blätter treiben zu lassen. Oft sehen die Blätter ganz anders aus als die der ausgewachsenen Pflanze.

Aus einem Samen entwickelt sich eine Stangenbohne.

Für Superschlaue

Vererbung

Die Entwicklung eines Lebewesens hängt von den Genen ab (Vererbung), aber auch andere Faktoren haben einen Einfluss: Hochspringer werden durch richtiges Training besser. Dass sie so groß sind, liegt aber hauptsächlich an ihren Genen.

▼ Junge Schwäne und viele andere Wasservögel folgen dem ersten Tier, das sie nach der Geburt erblicken. Meist ist es ein Elternteil. Wenn es ein anderes Tier oder ein Mensch ist, folgen ihm die Jungtiere aber genauso!

Raupe ver-
puppt sich.

Puppenstadium
dauert 2 Wochen.

Schmetter-
ling schlüpft.

Schmetterling
fliegt davon.

▲ Manche Tiere durchlaufen beim Wachstum eine Metamorphose – sie verändern ihre Form. Dieser Monarchfalter war zuerst eine Raupe. Die Raupe verpuppte sich und aus der Puppe schlüpfte der Schmetterling.

Baumringe

An einem abgesägten Baumstamm erkennt man helle und dunkle Ringe, an denen sich das Alter des Baumes abzählen lässt. In jedem Sommer, wenn der Baum schneller wächst, entsteht ein heller Ring.

WORTSCHATZ
Zellen

Die winzigen Bauteile, aus denen Lebewesen bestehen.

Gene

Anweisungen, die das Wachstum und die Funktion der Zellen regeln.

▶ Hoch entwickelte Lebewesen wie der Mensch brauchen viele Jahre, bis sie erwachsen sind, und sie leben relativ lange. Daher leben sie in Familien zusammen, in denen sich die Erwachsenen um die Kinder kümmern.

Das Leben entstand im Ozean durch chemische Reaktionen.

Evolution

Alle Lebewesen geben bestimmte Eigenschaften an ihre Nachkommen weiter. Im Lauf der Zeit treten manche Eigenschaften – z. B. scharfe Zähne – bei einer Art immer häufiger auf, weil sie ihr Überleben sichern. Diese Entwicklung nennt man „Evolution".

▼ Die Evolution der heutigen Pflanzen, Tiere und Menschen dauerte Milliarden von Jahren. Die meiste Zeit existierte nur in den Ozeanen Leben.

Gregor Mendel (1822–1884)

Erbsenblüten sind entweder weiß oder rot. Daher eignen sie sich besonders gut für Experimente. Mendel zeigte anhand der Erbsenblüten, wie Eigenschaften von Lebewesen, z. B. ihre Farbe, weitervererbt werden.

Dinosaurier waren 160 Millionen Jahre lang die erfolgreichsten Lebewesen.

▶ Bei Labradors bestimmt ein Genpaar die Fellfarbe. Welpen erben ein Farbgen von jedem Elternteil. Haben beide Eltern helles Fell, bekommt der Welpe ebenfalls helles Fell. Erbt der Welpe je ein helles und dunkles oder zwei dunkle Gene, wird sein Fell dunkel.

Für Superschlaue

DNA

Die genetischen Informationen, die deine Eigenschaften festlegen, sind in riesigen Molekülen (siehe Seite 72) gespeichert, die DNA genannt werden.

Der Mensch entwickelte sich aus affenähnlichen Lebewesen.

▲ Charles Darwin (siehe Seite 124) studierte Finkenarten: Alle haben unterschiedliche Schnäbel entwickelt. Er erkannte, dass nur die am besten an ihre Umgebung angepassten Lebewesen überleben.

Sinnesorgane

Über ihre Sinne nehmen Tiere ihre Umgebung wahr. So finden sie Futter, entkommen Feinden, lernen und verständigen sich. Die wichtigsten Sinne sind Sehen, Hören, Berühren, Riechen und Schmecken.

▲ Über den Geschmackssinn erkennen Tiere, ob etwas genießbar ist. Chemische Stoffe, die unsere Zunge wahrnimmt, geben der Nahrung ihren unterschiedlichen Geschmack. Diese Grubenotter „schmeckt" in der Luft nach etwas Essbarem.

▲ Viele Tiere erkennen einander und ihr Heim am Geruch. Duftstoffe werden durch die Luft übertragen. Dieser Bernhardiner kann im Schnee verschüttete Personen erschnüffeln.

Wärme sehen

Einige Tiere haben andere Sinne als wir Menschen. Grubenottern nehmen mit Grubenorganen warme Körper wahr, z. B. Mäuse. So können sie im Dunkeln jagen. Andere Tiere nehmen auch Elektrizität wahr oder sehen das für Menschen unsichtbare UV-Licht.

▲ Regenwürmer spüren, wie die Erde vibriert, wenn an der Oberfläche ein Tier läuft. Die Haut enthält Sinneszellen, die Druck (siehe Seite 44), Wärme, Kälte und Schmerz wahrnehmen. Dein ganzer Körper ist von diesen Zellen bedeckt.

▼ Viele Tiere, wie der Virginia-Uhu, nutzen ihre scharfen Augen zum Jagen. Weil sie zwei Augen haben, können sie Entfernungen abschätzen. Nicht alle Tiere sehen so wie wir Menschen in Farbe.

▼ Wüstenfüchse nutzen ihre Ohren, um Gefahren zu erkennen und sich zu verständigen. Sie können ganz genau erkennen, aus welcher Richtung ein Ton kommt.

IDEEN-ECKE

Zungenregionen

Menschen schmecken die vier Hauptgeschmacksrichtungen (bitter, sauer, salzig, süß) an verschiedenen Stellen auf der Zunge. Tauche ein Wattestäbchen in Honig und berühre die Zunge an verschiedenen Stellen. Wo schmeckst du ihn am intensivsten?

Bitter
Sauer
Salzig
Süß

Gehirn

Tiere steuern ihren Körper mit dem Gehirn. Intelligente Lebewesen wie der Mensch haben große, komplexe Gehirne. Zwar können nur wir Menschen sprechen, aber auch die meisten Tiere verständigen sich untereinander.

Schnelle Reaktion

Wenn du etwas Heißes anfasst, zuckt die Hand sofort zurück. An derart blitzartigen Reaktionen ist das Gehirn nicht beteiligt, das erledigen die Nerven ganz selbstständig.

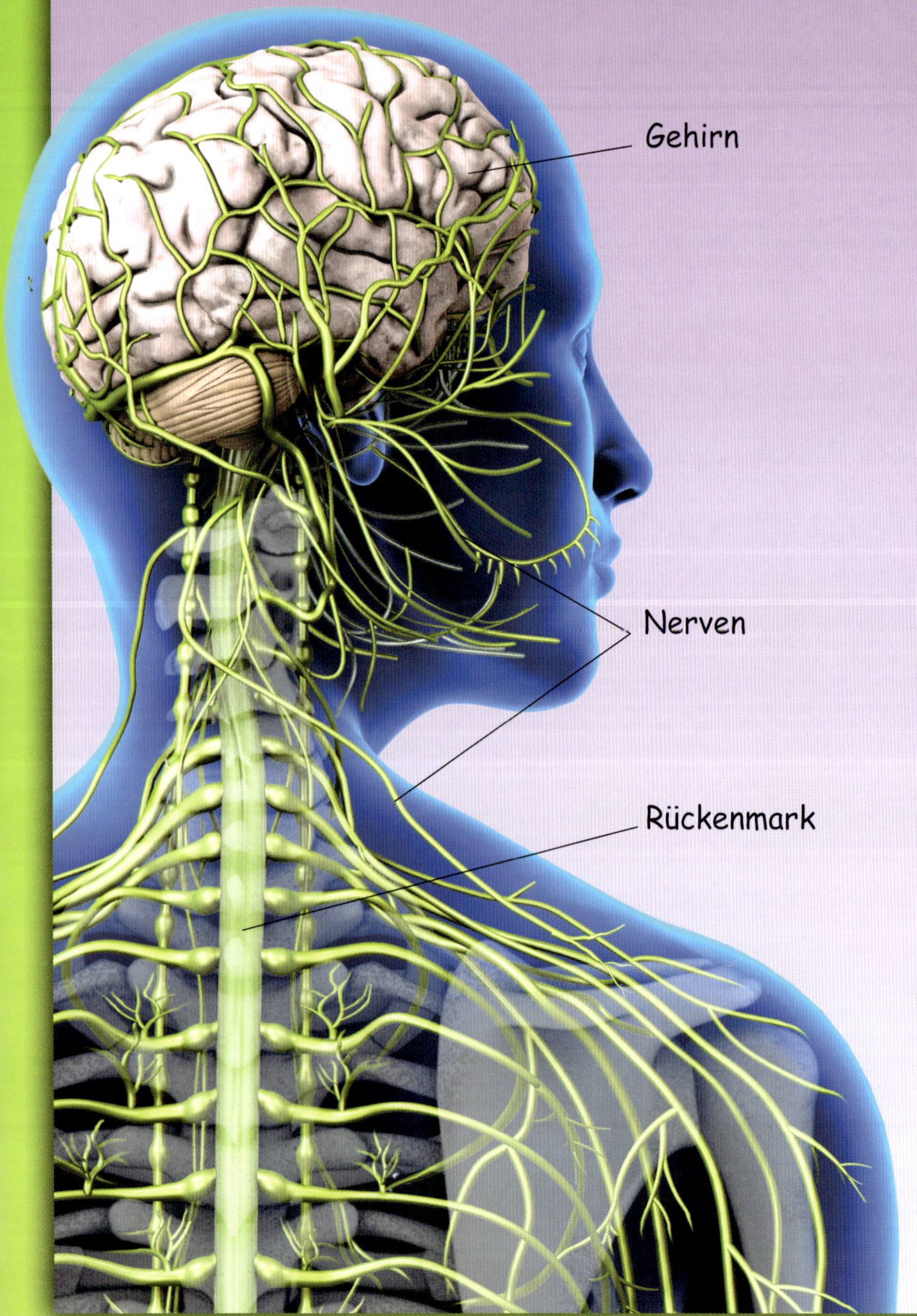

Gehirn

Nerven

Rückenmark

▲ Wenn ein Tier Werkzeuge benutzt, so wie dieser Spechtfink, ist das ein Zeichen für Intelligenz. Mit dem Zweig holt sich der Vogel Larven. Nur Vögel und Säugetiere benutzen Werkzeuge.

◀ Das Gehirn steuert den Körper mithilfe der Nerven. Die Nerven enden in Muskeln, die sich auf Befehl des Gehirns bewegen. Umgekehrt leiten die Nerven Sinneseindrücke (siehe Seite 116) an das Gehirn.

▲ Vögel wie diese Kanadagänse fliegen oft in einer Formation. Jeder behält die Nachbarn im Blick, damit die Ordnung gewahrt bleibt. Sie verständigen sich mit Rufen.

▼ Vögel locken durch beeindruckende Vorführungen ihre Partnerinnen an (unten links). Dieser männliche Pfau zeigt damit, dass er stark und gesund ist und einen guten Vater abgeben wird.

▲ Bienen teilen sich durch Tänze in Form einer Acht mit, wo sie Nahrung gefunden haben. Ausgehend vom Stand der Sonne zeigen sie so die Richtung, in der sich die Nahrung befindet.

▼ Eine wütende Katze stellt das Fell auf, um größer zu wirken. Dabei zeigt sie die Zähne und faucht. So weiß der Hund, dass er sie besser in Ruhe lassen sollte.

IDEEN-ECKE
Vogelgezwitscher

Nimm bei einem Spaziergang Vogelstimmen auf und vergleiche sie mit denen auf einer CD oder Kassette, die es im Handel gibt. So kannst du herausfinden, welche Vögel du gehört hast. Vögel zwitschern, um ihr Gebiet zu markieren oder um vor Gefahren zu warnen.

Angriff und Verteidigung

Die meisten Tiere und Pflanzen müssen sich gegen Feinde verteidigen, die sie fressen wollen. Fleischfresser müssen dagegen ihre Beute angreifen, um nicht zu verhungern.

◄ Manche Schlangen töten ihre Beute und ihre Feinde mit Gift. Entweder sie pressen das Gift bei einem Biss durch ihre hohlen Fangzähne oder sie spritzen es in die Augen, um den Feind blind zu machen, wie diese Kobra hier.

► Das Nashorn ist ein Pflanzenfresser und braucht das Horn nur zur Verteidigung. Das Horn besteht aus Keratin, so wie unsere Fingernägel.

◄ Skorpione haben einen Stachel an ihrem Schwanz. Das Gift im Stachel soll die Beute lähmen, doch der Skorpion kann sich damit auch verteidigen.

► Pflanzen wie dieser Brombeerstrauch haben spitze Dornen, damit Tiere sie nicht fressen. Vögel verletzen sich daran aber nicht und können die Früchte fressen. Später scheiden sie die Samenkörner aus, sodass neue Brombeeren wachsen.

Für Superschlaue

Tarnung

Manche Tiere haben ihre Form und Farbe genau an ihre Umgebung angepasst. Mit einer perfekten Tarnung können ihre Feinde sie kaum erkennen. Diese Spannerraupe sieht z. B. genauso aus wie der Zweig, auf dem sie sitzt.

▲ Schildkröten verteidigen sich auf sehr ungewöhnliche Weise: Sie ziehen sich unter ihren dicken Panzer zurück. Auch wenn sie sich nur langsam fortbewegen – Kopf und Glieder können sie umso schneller einziehen.

▲ Diese Springböcke fliehen vor einem Gepard. Sie müssen gut sehen, hören, blitzartig reagieren und schnell laufen können. In der Herde haben sie eine bessere Chance zu entkommen.

Medizin

Lebewesen können sich erstaunlich gut von Verletzungen oder Krankheiten erholen. Manchmal brauchen sie dazu aber medizinische Hilfe. Ärzte suchen den Grund der Krankheit und helfen sie zu heilen.

Länger leben

In den letzten 50 Jahren gab es große Fortschritte in der medizinischen Pflege und der Arzneimittelkunde. Deshalb leben die Menschen immer länger. Heutzutage können Menschen bereits doppelt so alt werden wie ihre Vorfahren vor 100 Jahren.

◄ Manche Pflanzen enthalten natürliche Wirkstoffe. Aus diesem Fingerhut wird der Wirkstoff Digitalin hergestellt, der Menschen mit Herzkrankheiten hilft.

► Tierärzte halten Tiere gesund und behandeln sie, wenn sie krank werden. Diese Tierärztin untersucht die Ohren eines Giraffenbabys. Sie prüft, ob es normal hören kann.

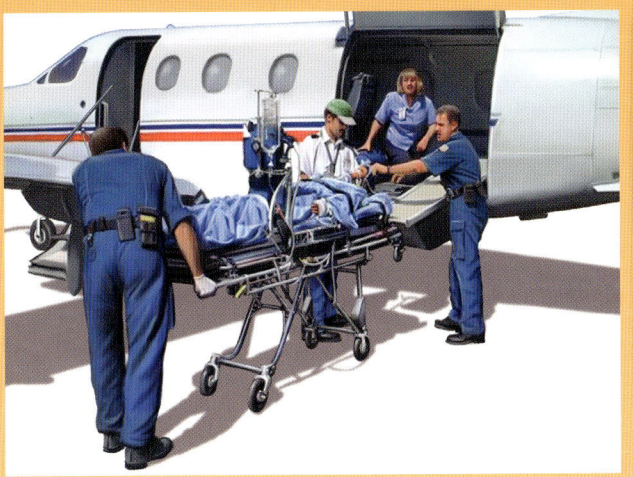

Louis Pasteur (1822–1895)

Pasteur entwickelte einen Schutz gegen die tödliche Krankheit Tollwut. Er half zu beweisen, dass Krankheiten von Keimen übertragen werden und zeigte, wie man Milch keimfrei machen kann.

▲ In Ländern wie Australien ist es für Ärzte oft schwierig, die Patienten mit dem Auto zu erreichen. Dort gibt es „fliegende Ärzte", die die Menschen per Flugzeug besuchen oder ins Krankenhaus bringen.

Für Superschlaue

Impfungen

Keime sind meist entweder Bakterien (siehe Seite 125) oder Viren. Impft man Menschen mit der abgeschwächten Form eines Keims, gewöhnt sich der Körper daran, ihn zu bekämpfen. Deshalb erkranken Menschen nach der Impfung nicht mehr an diesem Keim.

▲ Kranke Menschen gehen meist zum Arzt. Er prüft ihren Zustand, behandelt sie oder impft sie. Bei ernsthafteren Erkrankungen kommt man ins Krankenhaus.

▶ Antibiotika sind Medikamente gegen Krankheiten, die von Bakterien verursacht werden, z. B. Scharlach. Das Antibiotikum Penizillin (rechts) wird aus einem Pilz gewonnen.

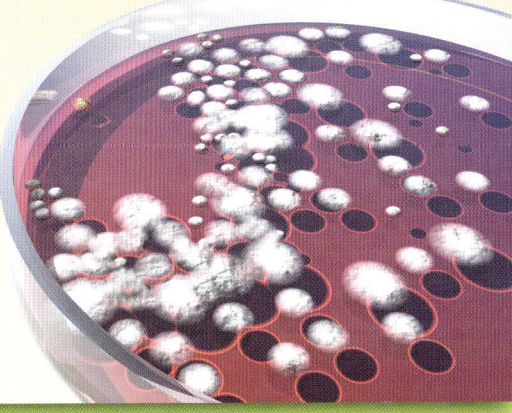

Lebensräume

Jede Art gedeiht in einer ganz bestimmten Umgebung am besten – ihrem sogenannten Lebensraum. Viele Tiere suchen oder bauen sich zudem einen Unterschlupf.

Kammer

Königin

▲ Ameisen leben unter der Erde. Die Ameisenhügel dienen als Futterlager, als Schutz für die Königin und zur Aufzucht ihrer Jungen.

▶ In der Tiefsee, rund um warme Öffnungen in der Erdkruste, leben winzige Wesen, die von Garnelen gefressen werden. Diese wiederum werden von großen Würmern gefressen. Eine Gruppe von Lebewesen und ihr Lebensraum bilden zusammen ein Ökosystem.

Charles Darwin (1809–1882)

Darwin erklärte, dass die Tiere und Pflanzen überleben, die am besten mit ihren Feinden und ihrer Umgebung zurechtkommen. Lebewesen entwickeln und verändern sich über viele Generationen hinweg, bis sie sich perfekt an ihren Lebensraum angepasst haben.

▶ Viele Vögel, wie dieser Weber-vogel, bauen Nester aus Blättern, Zweigen oder anderem Material. Sie kleiden sie mit eigenen Federn aus, damit sie schön warm sind. Dort legen sie ihre Eier ab und ziehen ihre Jungen groß.

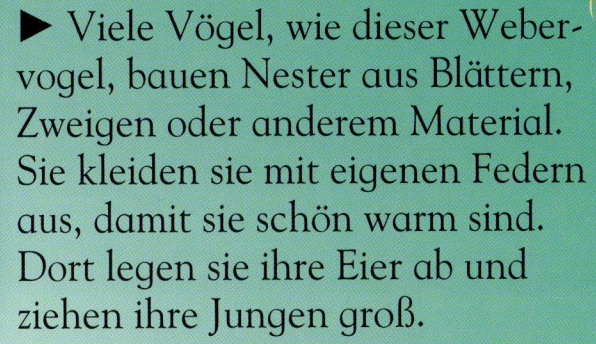

◀ Menschen haben durch den Bau von Städten die Welt stark verändert. Tiere, z. B. Füchse, haben sich angepasst und leben nun manchmal auch in der Stadt, weil sie dort leichter Futter finden als im Wald.

▶ Menschen bauen sich Häuser und richten sich oft als Familie darin ein. Hunde und Katzen leben mit ihnen zusammen, manchmal aber auch weniger will-kommene Tiere wie Ka-kerlaken oder Mäuse.

Leben in heißem Wasser

Manche Bakterien leben in Quel-len mit fast kochend heißem Was-ser! Bei kühleren Temperaturen können sie nicht überleben.

Artenschutz

Überall auf der Erde sind Tier- und Pflanzenarten ausgestorben. Oft sind die Menschen schuld, aber viele Leute arbeiten auch eifrig daran, die verbliebenen Arten zu erhalten.

Massensterben

Vor etwa 251 Millionen Jahren starben fast alle Lebewesen auf der Erde. Niemand weiß genau, warum das geschah. Es gab noch ein weiteres Massensterben, als vor etwa 65 Millionen Jahren die Dinosaurier ausgelöscht wurden.

▲ Wälder sind Lebensraum für Tiere und Pflanzen. Werden sie zerstört, geraten viele Arten in Gefahr. Bäume werden gefällt, weil die Menschen das Holz brauchen oder den Boden als Bau- oder Ackerland nutzen wollen.

◄ Der Dodo starb aus, als ihm die Menschen seinen Lebensraum nahmen. Über 99 Prozent aller Arten, die jemals lebten, sind inzwischen ausgestorben.

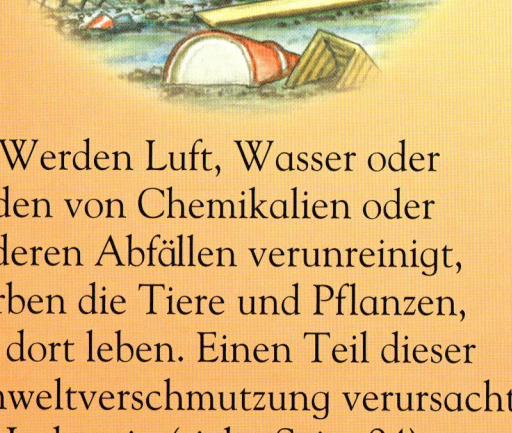

▲ Werden Luft, Wasser oder Boden von Chemikalien oder anderen Abfällen verunreinigt, sterben die Tiere und Pflanzen, die dort leben. Einen Teil dieser Umweltverschmutzung verursacht die Industrie (siehe Seite 94).

► Der Sibirische Tiger ist eine vom Aussterben bedrohte Tierart. Im 20. Jahrhundert wären die Tiger schon beinahe von Jägern ausgerottet worden, aber weil sie nun geschützt werden, konnten sie sich wieder ein wenig vermehren.

◄ Afrikanische Elefanten werden wegen des Elfenbeins ihrer Stoßzähne gejagt. Viele leben nun in geschützten Gebieten, den Reservaten. Der Handel mit Elfenbein ist verboten.

IDEEN-ECKE

Schütze deine Umwelt

Du selbst kannst auch viel tun:

- Bastle Geschenke selbst, statt sie zu kaufen.
- Fahre mit dem Rad zur Schule.
- Stelle Nester für Wildvögel auf.
- Baue Obst und Gemüse selbst an.
- Engagiere dich in einer Umweltgruppe.

Alles klar?

▲ Jedes Lebewesen besteht aus einer oder mehreren Zellen.

▲ Alle Lebewesen bewegen sich, atmen, essen, scheiden Abfall aus, reagieren, vermehren sich und wachsen.

▲ Die Lebewesen werden in fünf Gruppen eingeteilt.

► Kinder sind beiden Elternteilen ähnlich, weil beide ihre Gene an die Kinder weitergeben.

▲ Jede Art hat sich möglichst gut an ihren Lebensraum angepasst.

▲ In einem Ökosystem leben viele Arten zusammen.

▼ Das Leben entwickelte sich im Lauf vieler Milliarden Jahre aus chemischen Stoffen.

◄ Viele Lebewesen sind vom Aussterben bedroht. Den Dodo gibt es schon nicht mehr.

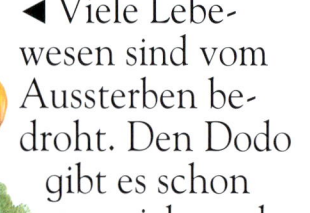

L E B E W E S E N

Der Weltraum

Die Erde erscheint uns zwar groß, sie ist aber nur ein winziger Punkt im Universum. Mit Teleskopen, Raketen und Sonden haben wir schon viel über Planeten, Sterne und Galaxien erfahren, doch der Weltraum steckt nach wie vor voller Geheimnisse.

Das Universum

Das Universum ist unendlich groß und umfasst alles, was es gibt. Zwischen den Milliarden von Sternen erstreckt sich ein endloser leerer Raum. Außer Sternen, Planeten und anderen sichtbaren Himmelskörpern enthält das Universum auch geheimnisvolle Dinge wie dunkle Materie und dunkle Energie.

▶ Sterne sind in Galaxien angeordnet, die oft Milliarden von Sternen umfassen. Dieses Bild zeigt eine weit entfernte Region des Universums mit vielen Galaxien. Galaxien bilden sogenannte „Haufen", und diese wiederum „Superhaufen" aus mehreren Tausend Galaxien.

Für Superschlaue

Der Urknall

Um 1920 entdeckten Wissenschaftler, dass sich das Universum immer weiter ausdehnt. Das bedeutet, dass es früher viel kleiner gewesen sein muss als jetzt. Das Universum entstand vor etwa 13,7 Milliarden Jahren in einer gewaltigen Explosion, die wir „Urknall" nennen.

▶ In dunklen, wolkenlosen Nächten beschreibt ein verschwommener Lichtstreifen einen Bogen über den Himmel. Das ist ein Arm unserer Galaxie, die Milchstraße. Sonne, Erde, Mond und alle mit bloßem Auge sichtbaren Sterne sind Teil der Milchstraße.

GIBT ES LEBEN IM ALL?

Die meisten Wissenschaftler halten es für wahrscheinlich. Sie senden Funkbotschaften und Sonden aus, um fremde Lebewesen zu finden.

▲ Viele Galaxien sind spiralförmig, z. B. die Whirlpool-Galaxie. Der helle Fleck rechts ist eine kleinere Galaxie, die die Whirlpool-Galaxie durchdrungen hat, sodass sich dort neue Sterne bildeten.

Edwin Hubble (1889–1953)

Edwin Hubble entdeckte, dass die Milchstraße nicht die einzige Galaxie im Universum ist. Er bewies zusammen mit anderen Wissenschaftlern, dass sich die Galaxien voneinander entfernen, das Universum also immer größer wird.

Das Sonnensystem

Die Erde, sieben weitere Planeten und unzählige kleinere Himmelskörper drehen sich um die Sonne. Die meisten Planeten werden von Monden umkreist. Zusammen bilden all diese Himmelskörper unser Sonnensystem.

▶ Alle Körper ziehen sich gegenseitig an. Die Schwerkraft (Gravitation) sorgt dafür, dass wir am Boden bleiben und die Planeten um die Sonne kreisen. Planeten mit kleiner Masse haben eine geringe Schwerkraft: Dort wiegt alles weniger. Auf dem Mars würdest du z. B. nur ein Drittel deines normalen Gewichts auf die Waage bringen.

Sonne

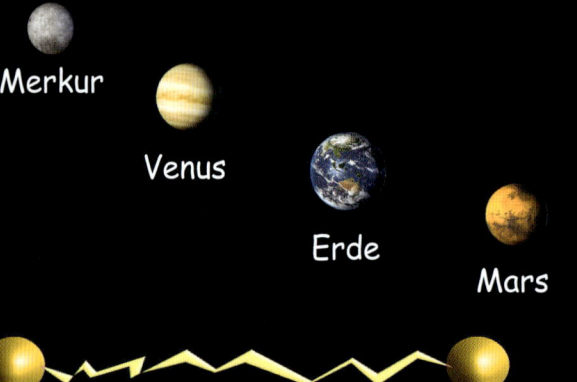

Merkur

Venus

Erde

Mars

Jupiter

Für Superschlaue

Das Sonnensystem entsteht

Anfangs war das Sonnensystem eine dunkle Wolke. Die Schwerkraft zog sie zusammen und sie begann sich zu drehen. In der Mitte bildete sich ein Kern, der so heiß wurde, dass er zu glühen begann. Dieser Kern wurde zur Sonne. Aus anderen Teilen der Wolke bildeten sich die Planeten.

Nikolaus Kopernikus (1473–1543)

Früher glaubten die Menschen, die Sonne und die Planeten drehten sich um die Erde. Kopernikus behauptete, die Erde drehe sich um die Sonne. Erst lange nach seinem Tod erkannte man, dass er recht gehabt hatte.

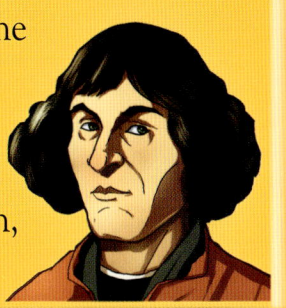

Neptun

Uranus

Saturn

▶ Pluto ist einer von drei sogenannten „Zwergplaneten" – kleine, runde Himmelskörper, die um die Sonne kreisen. Es gibt Tausende von noch kleineren Himmelskörpern, die Asteroiden. Die meisten von ihnen befinden sich zwischen Mars und Jupiter und manche haben sogar winzige Monde.

IDEEN-ECKE

Spaziergang im Sonnensystem

Stecke im Park eine Fahne in den Boden. Das ist die Sonne. Gehe 3 Schritte und stecke eine Fahne für den Merkur in die Erde. Fahre so fort:

3 (Venus)
2 (Erde)
4 (Mars)
28 (Jupiter)
34 (Saturn)
75 (Uranus)
84 (Neptun)

Die Sonne

Ohne Sonne gäbe es kein Leben auf der Erde, weil selbst die Luft gefroren wäre. Während sich die Erde dreht, erreichen die Sonnenstrahlen verschiedene Gebiete. Die Sonne geht im Osten auf, wandert über den Himmel und geht im Westen unter.

▶ Die Sonne ist ein Stern, eine riesige Kugel aus glühenden Gasen, die so groß ist, dass über 1 Million Erdkugeln hinein- passen würden. In ihrem Kern erzeugt sie Licht und Wärme. Diese werden dann wieder abgegeben.

Kern

Strahlung gibt Licht und Wärme ab.

Sonne

◀ Die Erde bewegt sich ständig um die Sonne. Ein Umlauf dauert ein Jahr. Die Umlaufbahn ist nicht genau kreisförmig: Im Januar steht die Erde der Sonne am nächsten, während sie im Juli am weitesten von ihr entfernt ist.

Erdumlaufbahn

Erde

? WARUM LEUCHTET DIE SONNE?

Die Schwerkraft im Kern presst die Atome so stark zusammen, dass sie zu größeren Atomen verschmelzen. Dabei wird viel Energie freigesetzt.

Sonnenfleck

Gasfontäne

▲ Durch Explosionen auf der Sonnenoberfläche werden hohe Gasfontänen ausgeschleudert, die Protuberanzen. Sonnenflecken dagegen sind kühlere Gebiete. Daher sehen sie dunkler aus als ihre Umgebung.

IDEEN-ECKE

Die Sonne richtig betrachten

Nimm zwei weiße Stücke Karton und bohre mit einem spitzen Bleistift in eines davon ein kleines Loch. Drehe der Sonne den Rücken zu und halte beide Kartons hoch (Karton mit dem Loch etwa 20 cm höher). Verändere den Abstand zwischen ihnen, bis das Abbild der Sonne scharf ist. Mit etwas Glück siehst du sogar Sonnenflecken.

X Blicke niemals direkt in die Sonne!

Die Erde

Die Erde, auf der wir leben, ist der dritte Planet des Sonnensystems. Sie dreht sich in 24 Stunden einmal um sich selbst. In den Regionen, die gerade der Sonne zugewandt sind, ist es heller Tag.

▶ Auf der Erde konnte sich Leben entwickeln, weil es Luft zum Atmen und Wasser zum Trinken gibt. Die Größe der Erde erzeugt genau die richtige Schwerkraft, um die uns umgebende Luftschicht (Atmosphäre) festzuhalten, und sie ist gerade so weit von der Sonne entfernt, dass Wasser meist flüssig ist.

Für Superschlaue

Das Innere der Erde

Der Erdboden und die Ozeane bilden eine sehr dünne Schicht auf einer felsigen Unterlage. Darunter liegt der Erdmantel aus Gesteinen und darunter heißes, flüssiges Metall. Der Kern besteht aus sehr heißem, festem Metall.

Erdmantel

Äußerer Kern

Innerer Kern

Erdkruste

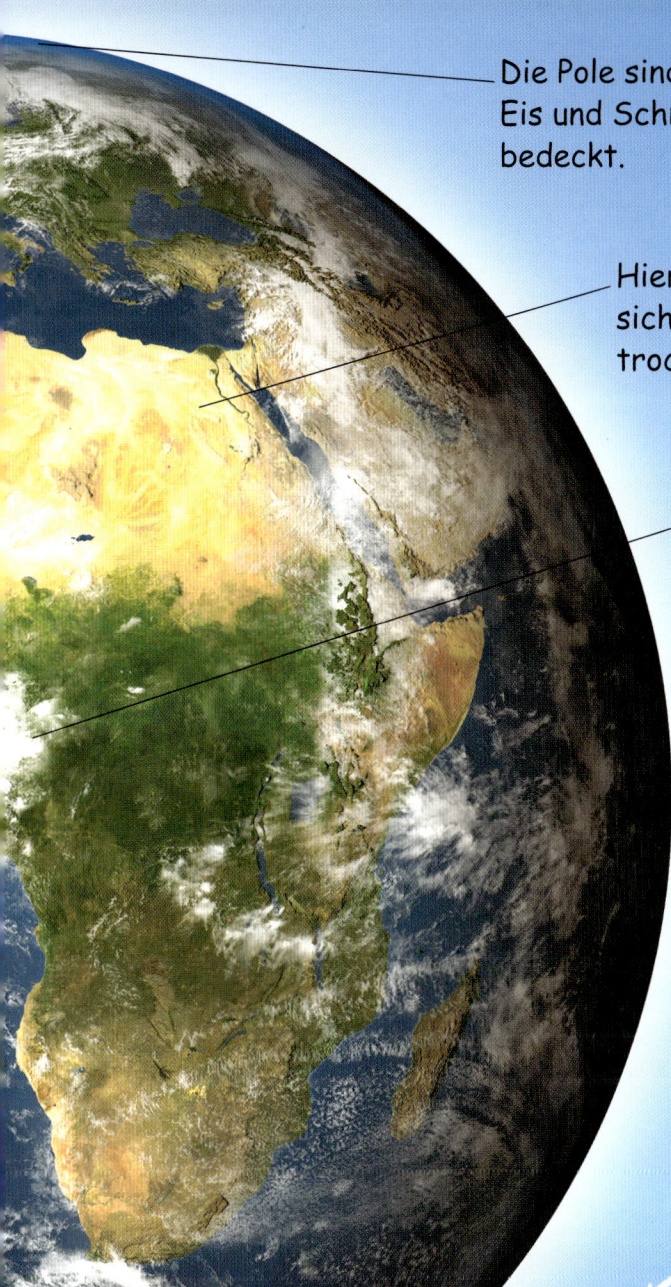

Die Pole sind mit Eis und Schnee bedeckt.

Hier befindet sich eine heiße, trockene Wüste.

Ein großer Teil der Erde verbirgt sich hinter Wolken.

Das Alter der Erde

Die Erde ist etwa 4,6 Milliarden Jahre alt. Sie hat sich aus einer großen, dunklen Staubwolke gebildet. Der Staub verdichtete sich zu Klumpen, die immer größer wurden und mit ihrer Schwerkraft andere Klumpen anzogen. Die Entstehung der Erde dauerte insgesamt viele Millionen Jahre.

Winter auf der Nordhalbkugel, Sommer auf der Südhalbkugel

Frühling auf der Nordhalbkugel, Herbst auf der Südhalbkugel

Die Sonne

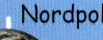

Nordpol

Herbst auf der Nordhalbkugel, Frühling auf der Südhalbkugel

Südpol

Sommer auf der Nordhalbkugel, Winter auf der Südhalbkugel

? WIE VIEL WASSER GIBT ES?

Etwa 71 Prozent der Erdoberfläche sind mit Wasser bedeckt. Das meiste Wasser befindet sich als Salzwasser in den Meeren.

▲ Zu bestimmten Zeiten des Jahres erhalten manche Gebiete auf der Erde wesentlich mehr Wärme und Licht von der Sonne als andere. Diese unterschiedlichen Abschnitte nennen wir Jahreszeiten.

Der Mond

Der Mond ist unser nächster Nachbar im Weltraum. Er ist etwa 400 000 km entfernt. Wir sehen ihn leuchten, weil er von der Sonne beschienen wird.

Meer der Stürme

Kopernikuskrater

▶ Der Mond braucht etwa 27 Tage, um die Erde einmal zu umrunden. Wir sehen immer nur seine Vorderseite. Die helleren Gebiete sind Gebirge, die dunkleren Bereiche, die wir „Meere" nennen, sind Ebenen. Auf dem Mond gibt es außerdem viele Krater.

Wernher von Braun (1912–1977)

Der deutsche Wissenschaftler entwickelte im Zweiten Weltkrieg Raketen. Später arbeitete er in den USA am Bau von Raketen zur Erforschung des Weltraums. Er leitete den Bau der *Saturn V*, die Menschen auf den Mond brachte.

Ptolemäuskrater

Tychokrater

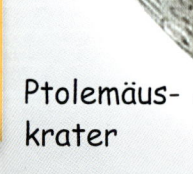

◀ Die ersten Astronauten landeten 1969 im Zuge der *Apollo*-Mission auf dem Mond. Da es auf dem Mond keine Luft gibt, trugen sie zum Schutz Raumanzüge. Auf dem Mond wogen die Astronauten viel weniger als auf der Erde.

► Eine Sonnenfinsternis ereignet sich, wenn der Mond auf seiner Bahn genau zwischen Erde und Sonne hindurchläuft, sodass der Schatten des Mondes auf Teile der Erde fällt. In diesen Gebieten verdunkelt sich die Sonne am helllichten Tag.

Mond

Sonne

Erde

Meer der Heiterkeit

Meer der Ruhe

Meer der Fruchtbarkeit

IDEEN-ECKE

Der Mann im Mond

Jahrtausendelang haben die Menschen verschiedene Muster im Mond erblickt. Prüfe bei Vollmond, ob du Folgendes erkennen kannst: ein Gesicht, einen Mann, der Stöcke trägt, einen Mann mit Hund, ein Kaninchen, einen Krebs oder ein lesendes Mädchen. Man sieht plötzlich alles Mögliche, das eigentlich gar nicht da ist! Schreibe alles auf oder zeichne es.

Kaninchen

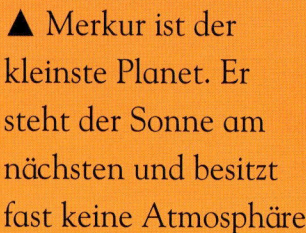

▲ Merkur ist der kleinste Planet. Er steht der Sonne am nächsten und besitzt fast keine Atmosphäre.

▲ Venus hat eine sehr dichte Atmosphäre und ist der heißeste Planet. Dort ist es immer wolkig.

▲ Die Erde ist die Heimat vieler Pflanzen und Tiere. Sie hat riesige Ozeane und vereiste Polkappen.

▲ Mars hat eine dünne Atmosphäre und vereiste Polkappen. Er ist mit rötlichem Sand bedeckt.

Die Planeten

Im Sonnensystem gibt es zwei Arten von Planeten: Merkur, Venus, Erde und Mars sind kleinere Planeten aus Gestein und Metall. Jupiter, Saturn, Uranus und Neptun sind riesige Gasplaneten mit einer kalten Atmosphärenschicht, Ringen aus Staub und Gestein und vielen Monden.

WORTSCHATZ

Atmosphäre
Die Schicht aus Gasen rund um einen Planeten oder Stern.

Stickstoff
Ein Element, das auf der Erde gasförmig ist. Auf kalten Planeten ist er flüssig oder sogar fest.

? GIBT ES LEBEN AUF ANDEREN PLANETEN?
Bisher hat man noch nirgendwo Leben entdeckt. Auf dem Mars könnte es früher Leben gegeben haben.

▲ Jupiter ist der größte Planet. Er hat viele Monde. So sähe man ihn von einem seiner Monde aus.

▲ Uranus wurde vor langer Zeit von einem unbekannten, planetengroßen Objekt getroffen und ist dabei „umgekippt".

▲ Neptun ist der kälteste und stürmischste Planet. Auf seinem größten Mond gibt es Stickstoff-Vulkane.

▼ Saturn hat breite, helle Ringe. So stellt man sich den Blick von Titan, dem größten Saturnmond, auf den Saturn vor. Auf Titan gibt es Seen aus einer dicken, teerähnlichen Flüssigkeit. Als einziger Mond im Sonnensystem hat er eine Atmosphäre.

Johannes Kepler (1571–1630)

Als Kepler lebte, stellte man sich die Umlaufbahnen der Planeten noch kreisförmig vor. Kepler entdeckte, dass sie oval sind und dass sich die Planeten in der Nähe der Sonne schneller bewegen.

Brocken im All

Im Sonnensystem fliegen Billionen kleiner Gesteins- und Metallbrocken umher, die wir „Meteoroide" nennen. In den eiskalten Außenbezirken gibt es Milliarden Klumpen aus Eis und Gestein. Sie alle sind Überreste der Entstehung des Sonnensystems vor 4,6 Milliarden Jahren.

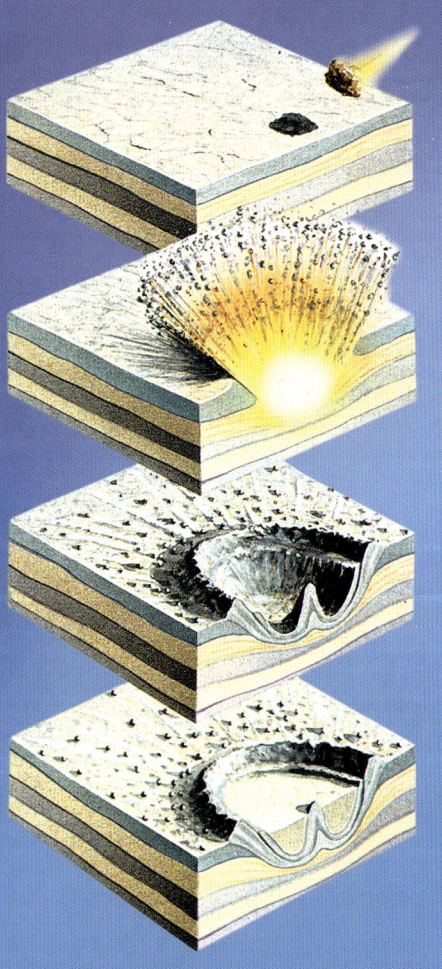

1. Ein felsgroßer Meteorit stürzt auf die Erde.

2. Beim Aufprall wird Gestein in die Luft gesprengt.

3. Bei der Explosion entsteht ein Krater im Boden.

4. Im Lauf der Zeit füllt sich der Krater mit Erde.

▲ Meteoroide, die auf die Erde stürzen, heißen „Meteorite". Ganz selten sind sie so groß, dass sie dabei breite Krater hinterlassen.

? WOHER KOMMEN KOMETEN?
Im Sonnensystem tummeln sich Milliarden vereister Gesteinsbrocken, die Kometenkerne. Manchmal bewegen sie sich zur Sonne hin und werden zu Kometen.

Edmond Halley (1656–1742)

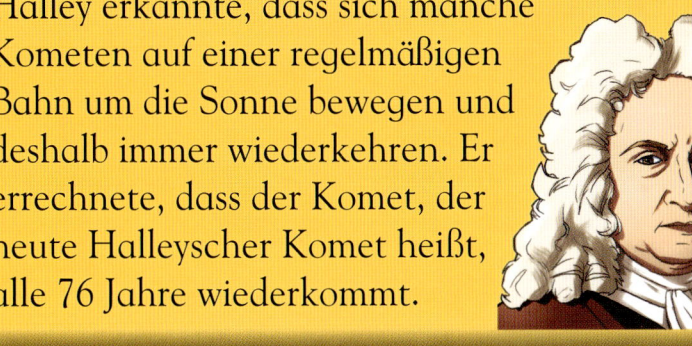

Halley erkannte, dass sich manche Kometen auf einer regelmäßigen Bahn um die Sonne bewegen und deshalb immer wiederkehren. Er errechnete, dass der Komet, der heute Halleyscher Komet heißt, alle 76 Jahre wiederkommt.

◄ Kometen sind vereiste Gesteinsbrocken, die auf weiten Bahnen durch das Weltall reisen. Wenn sie sich der Sonne nähern, werden sie erhitzt, das Eis verdampft und es bildet sich ein heller Schweif, der manchmal von der Erde aus sichtbar ist.

► Auf ihrem Weg durch die Erdatmosphäre erhitzen sich Meteoroide und fangen an zu glühen. Diese leuchtenden Erscheinungen am Nachthimmel nennt man „Meteore" oder „Sternschnuppen".

IDEEN-ECKE

Sternschnuppen beobachten

Gehe in einer wolkenlosen Nacht raus und sieh zum Himmel hinauf. Da man oft lange warten muss, kannst du dich in deinem Schlafsack auf die Wiese legen. Meteore erscheinen, wenn sich die Erde durch Staubwolken im Weltraum bewegt.

X Nur mit einem Erwachsenen!

Sterne und Nebel

Sterne sind riesige Kugeln aus glühenden Gasen. Viele von ihnen sind heller als die Sonne. Aber da die Sonne der Erde so nah ist, leuchtet sie für uns am hellsten.

◄ ▼ Die größten Sterne heißen Überriesen. Manche sind so groß, dass Millionen Sonnen in sie hineinpassen würden. Die Sonne ist eher mittelgroß und ist ein sogenannter „Gelber Zwerg". Weiße Zwerge sind Überreste toter Sterne und viel kleiner als die Sonne.

Überriese

Sonne

Weißer Zwerg

Für Superschlaue
Schwarze Löcher
Wenn die größten Sterne ihren Brennstoff verbraucht haben, enden sie in einer riesigen Explosion, einer Supernova. Der Kern des toten Sterns bleibt zurück. Er ist stark zusammengepresst und bildet ein „Schwarzes Loch". Die Schwerkraft von Schwarzen Löchern ist so stark, dass sie sogar Licht „schlucken".

▲ Sterne sind oft in Sternhaufen angeordnet. Von der Erde aus sieht man die Plejaden am besten. Viele Sterne dieses offenen Sternhaufens sind heißer und blauer als die Sonne.

? WIE VIELE STERNE GIBT ES?

Im Universum gibt es mindestens 1 Trilliarde Sterne – mehr als die Anzahl der Sandkörner an allen Stränden der Erde!

▲ Ein Nebel ist ein verschwommener Fleck am Nachthimmel. Der Orionnebel (oben) ist nach dem Sternbild benannt, in dem er sich befindet. In dieser Region voller Staub und Gas entstehen neue Sterne.

▶ Dieser Teil des Orionnebels ist der Pferdekopfnebel. Es ist eine Region voller Staub und Gas. Wir sehen ihn nur, weil er das Licht der hinter ihm liegenden glühenden Gase verdeckt.

Sterne beobachten

In klaren, dunklen Nächten sieht man etwa 2000 Sterne. Astronomen (Sternenforscher) können mit ihren Teleskopen Millionen von Sternen beobachten. Sie erforschen, wie weit die Sterne entfernt sind und woraus sie bestehen.

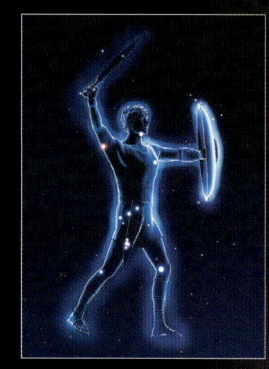

Orion

◄ Schon seit Tausenden von Jahren ordnen Menschen die Sterne am Himmel zu Sternbildern und benennen sie nach Sagengestalten oder Tieren. Dieses Sternbild heißt Orion. Er war ein Jäger in den alten griechischen Sagen.

Für Superschlaue
Radioteleskope
Viele Himmelskörper senden unsichtbare Radiowellen aus, die wir mit großen Antennenschüsseln, den Radioteleskopen, auffangen. Computer zeichnen dann Bilder und Karten von diesen Himmelskörpern. Manchmal werden alle Radioteleskope der Erde gleichzeitig auf ein Objekt ausgerichtet, um viele Radiowellen zu empfangen.

Haupt-spiegel

Okular

Fangspiegel

Licht

Okularlinse

Objektiv-linse

▲ Spiegelteleskope fangen das Licht mit einem Hauptspiegel ein und der Fangspiegel leitet es zum Okular, also zu der Öffnung, durch die das Auge blickt. Die größten Teleskope sind alle Spiegelteleskope.

▲ Linsenteleskope besitzen je eine Linse im Objektiv und im Okular. Das Okular leitet das Licht zum Auge, an eine Kamera oder ein anderes optisches Instrument weiter.

▼ Wenn du die Augen zuerst 15 Minuten lang an die Dunkelheit gewöhnst, kannst du mit dem Teleskop mehr erkennen. Stütze die Arme auf eine Mauer, damit das Bild nicht wackelt.

IDEEN-ECKE

Ein einfaches Teleskop bauen

Halte ein kleines Vergrößerungsglas dicht vor ein Auge und ein größeres auf Armeslänge entfernt. Sieh durch beide auf eine Straßenlaterne und bewege das größere Glas langsam auf dich zu, bis du die Straßenlaterne scharf siehst. Nun richte die Gläser auf den Mond oder einen Stern.

Rettungs-
kapsel

Kommando-
modul

Service-
modul

Mond-
landefähre

Dritte
Stufe

Zweite
Stufe

Erste
Stufe

Raumfahrer

Der erste Raumfahrer war eine Hündin namens Laika. Sie reiste 1957 mit dem Satelliten *Sputnik 2.* Der erste Mensch im Weltraum war 1961 der Kosmonaut Juri Gagarin. Beide umkreisten die Erde und landeten anschließend wieder.

◀ Alle Raumfahrer müssen mit einer Rakete ins All geschossen werden. Die *Saturn-V*-Rakete wurde für Mondflüge eingesetzt. Sobald der in den drei Stufen transportierte Treibstoff verbraucht war, wurden sie nacheinander abgestoßen, um weniger Gewicht zu haben.

WORTSCHATZ
Astronaut
Ein Raumfahrer aus den USA oder anderen westlichen Ländern.
Kosmonaut
Ein Raumfahrer aus Russland oder der ehemaligen Sowjetunion.

◀ Spaceshuttles (Raumfähren) werden für Flüge zu Raumstationen und Satelliten verwendet. Sie starten mit Raketen, landen aber wie Flugzeuge wieder auf der Erde. Dieser Shuttle heißt *Discovery.*

▲ Dieser Astronaut macht einen „Weltraumspaziergang": Er hat sein Raumschiff verlassen, um außen etwas zu reparieren. Da es im Weltraum keine Luft gibt, muss er zum Schutz einen Raumanzug tragen.

IDEEN-ECKE

Rakete mit Luftballon-Antrieb

Binde eine etwa 2 m lange Schnur an eine Stuhllehne. Fädle einen Strohhalm auf und binde das andere Ende an einen zweiten Stuhl. Klebe zwei lange Klebestreifen an den Strohhalm. Klebe einen Luftballon am Strohhalm fest und lass ihn los. So funktionieren Raketen! Ausströmende Gase schieben sie vorwärts.

Satelliten

Die Erde wird von Tausenden von Maschinen, die wir Satelliten nennen, umkreist. Sie helfen bei der Wettervorhersage, beim Erstellen von Landkarten und sie empfangen und senden Telefon- und Fernsehsignale. Bemannte Satelliten heißen Weltraumstationen.

◄ Der erste Satellit hieß *Sputnik*. Er wurde 1957 in der Sowjetunion (heute Russland) gestartet und umkreiste die Erde mehrmals in jeweils 96 Minuten. Dabei sandte er Signale aus, die überall auf der Welt über Funk empfangen werden konnten.

Für Superschlaue

Mikrogravitation

An Bord einer Raumstation wiegen Menschen und Gegenstände fast nichts. Was nicht befestigt ist, schwebt umher. Das winzige Restgewicht wird u. a. von der Schwerkraft der Raumstation erzeugt. Das nennt man „Mikrogravitation".

▲ Die amerikanische Raumstation *Skylab* wurde 1973 zur Erforschung der Sonne und der Mikrogravitation in die Erdumlaufbahn gebracht. 1979 stürzte sie ab.

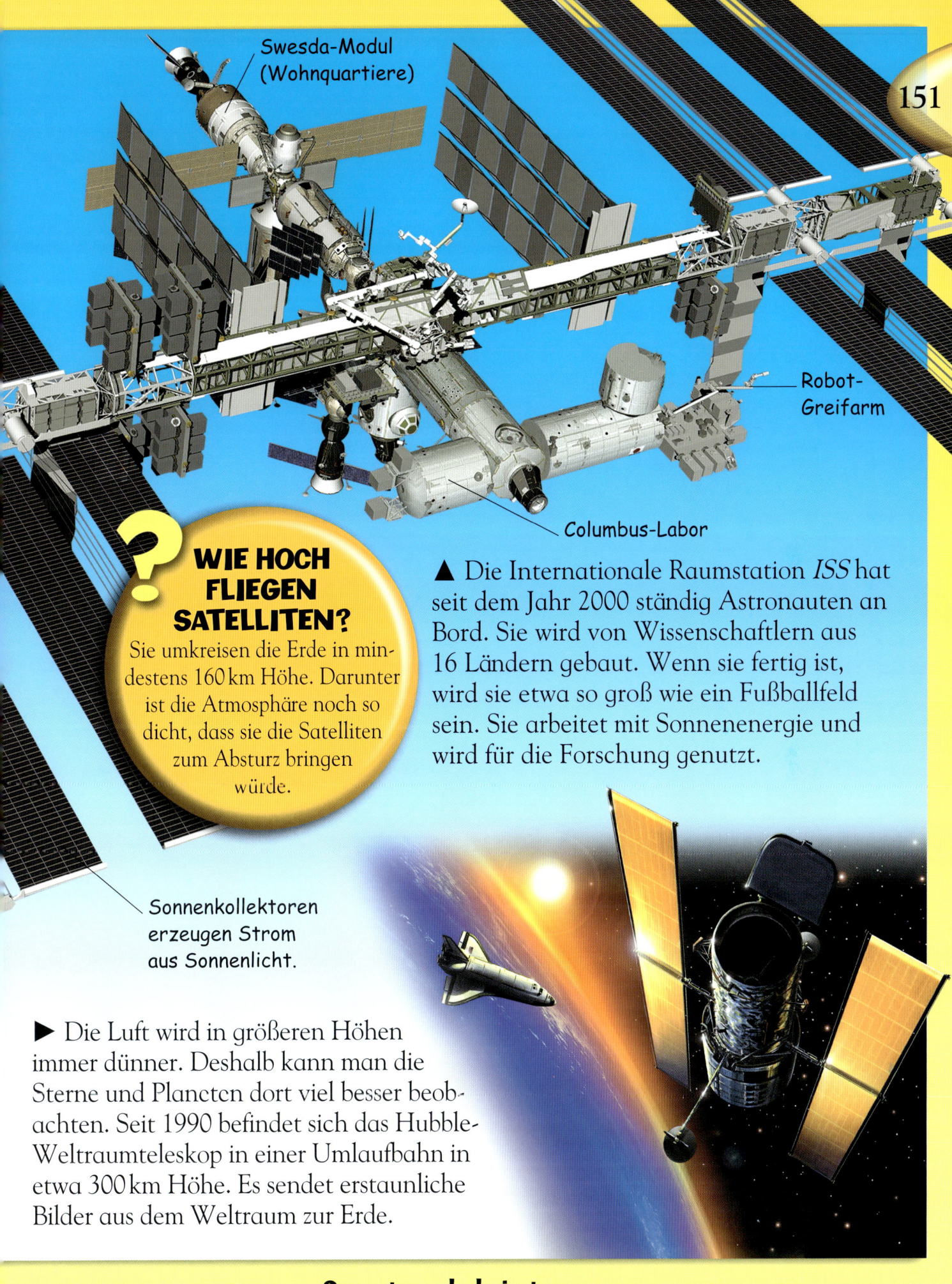

Swesda-Modul
(Wohnquartiere)

Robot-
Greifarm

Columbus-Labor

WIE HOCH FLIEGEN SATELLITEN?

Sie umkreisen die Erde in mindestens 160 km Höhe. Darunter ist die Atmosphäre noch so dicht, dass sie die Satelliten zum Absturz bringen würde.

▲ Die Internationale Raumstation *ISS* hat seit dem Jahr 2000 ständig Astronauten an Bord. Sie wird von Wissenschaftlern aus 16 Ländern gebaut. Wenn sie fertig ist, wird sie etwa so groß wie ein Fußballfeld sein. Sie arbeitet mit Sonnenenergie und wird für die Forschung genutzt.

Sonnenkollektoren
erzeugen Strom
aus Sonnenlicht.

▶ Die Luft wird in größeren Höhen immer dünner. Deshalb kann man die Sterne und Planeten dort viel besser beobachten. Seit 1990 befindet sich das Hubble-Weltraumteleskop in einer Umlaufbahn in etwa 300 km Höhe. Es sendet erstaunliche Bilder aus dem Weltraum zur Erde.

Raumsonden

Raumsonden sind unbemannte Raumschiffe, die das Weltall erforschen. Manche fliegen an Planeten vorbei und senden Fotos zur Erde. Andere haben Satelliten und Fahrzeuge an Bord, die auf Planeten landen.

◀ Die Sonde *Cassini-Huygens* erreichte 2004 den Saturn. Der Satellit *Cassini* erforschte den Saturn von einer Umlaufbahn aus, während *Huygens* zu Titan, dem größten Saturnmond, flog. Da Titan eine Atmosphäre hat, konnte die Sonde sanft mit einem Fallschirm landen.

? WANN STARTETE DIE ERSTE SONDE?

Die erste Sonde war die russische *Luna 1*, die 1959 am Mond vorbeiflog. Sie umkreist heute noch die Sonne.

▲ Die Sonde *Phoenix* landete 2008 auf dem Mars. Sie soll dort nach Leben suchen. Der Roboter hat einen Greifarm, mit dem er Bodenproben sammelt.

▲ *Surveyor 3* landete 1967 auf dem Mond und sandte Fernsehbilder zur Erde. Mit dem mechanischen Greifarm untersuchte sie den Boden. Zwei Jahre später erhielt sie Besuch von der Besatzung der *Apollo 12.*

▲ Die beiden *Voyager*-Sonden wurden 1977 gestartet und erforschten von 1979–1989 Jupiter (oben), Saturn, Uranus und Neptun. Sie sandten uns die ersten Nahaufnahmen von den vier Riesenplaneten.

WORTSCHATZ
Orbiter
Sonden, die andere Himmelskörper umkreisen.
Landesonden
Sonden, die landen können.
Rover
Sonden, die landen und umherfahren können.

▶ Die Sonde *Messenger* wurde 2004 gestartet. Sie soll 2011 am Merkur ankommen und ihn umkreisen. Etwa ein Jahr lang soll sie ihn erforschen und Informationen zur Erde schicken.

Alles klar?

▲ Das Universum dehnt sich seit dem Urknall vor 13,7 Milliarden Jahren immer weiter aus.

▶ Wir haben unbemannte Sonden zu allen Planeten des Sonnensystems geschickt. Einige von ihnen fliegen weiter hinaus zu den Sternen.

▶ Die Erde ist einer von acht Planeten, die um die Sonne kreisen. Zum Sonnensystem gehören Sonne, Planeten, Monde, Staub, Kometen und Gesteinsbrocken.

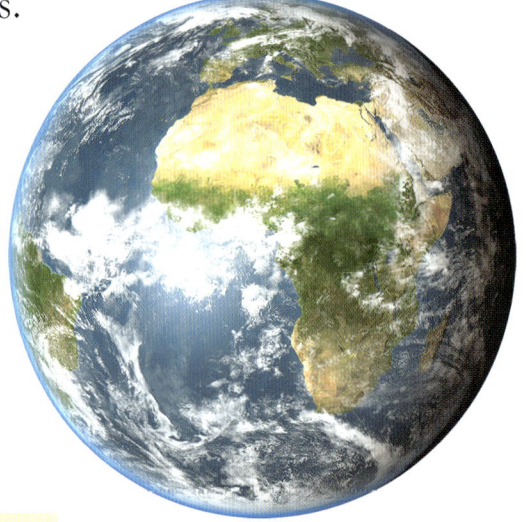

▲ Sterne sind in Galaxien angeordnet. Unsere Galaxie heißt Milchstraße.

◀ Auf keinem anderen Himmelskörper wurde Leben gefunden. Vielleicht gab es auf dem Mars früher einmal Leben.

◀ Es gibt viele Milliarden Sterne. Einer davon ist die Sonne. Manche Sterne sind viel größer als sie, andere dafür noch kleiner.

▲ 1969 landeten die ersten Menschen auf dem Mond. Bisher sind wir noch nicht weiter gekommen als dorthin.

Zahlen und Fakten

Hier noch ein paar Dinge, die dich sicher interessieren.

Einfache Formen

Flache Formen

Kreis	**Dreieck**	**Quadrat**	**Fünfeck**	**Sechseck**
1 Umfang	3 Seiten	4 Seiten	5 Seiten	6 Seiten
0 Ecken	3 Ecken	4 Ecken	5 Ecken	6 Ecken

Körper

   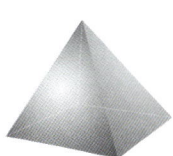 

Kugel	**Zylinder**	**Tetraeder**	**Pyramide**	**Würfel**
1 Fläche	3 Flächen	4 Flächen	5 Flächen	6 Flächen
0 Kanten	2 Kanten	6 Kanten	8 Kanten	12 Kanten
0 Ecken	0 Ecken	4 Ecken	5 Ecken	8 Ecken

Wichtige Naturgesetze

Das Gesetz der Schwerkraft

Gegenstände ziehen sich gegenseitig mit ihrer Schwerkraft an. Je größer die Gegenstände und je geringer ihr Abstand, desto größer ist die Schwerkraft.

Erstes Gesetz der Bewegung

Ein Gegenstand bewegt sich mit gleicher Geschwindigkeit in der gleichen Richtung fort, bis eine Kraft ihn zwingt, Geschwindigkeit oder Richtung zu ändern.

Energieerhaltungssatz (Erster Hauptsatz der Thermodynamik)

Energie kann nicht erzeugt oder vernichtet werden. Sie kann nur in andere Arten von Energie umgewandelt werden.

Zweiter Hauptsatz der Thermodynamik

Wärme bewegt sich immer von warmen Orten an kühlere Orte.

Magnetpole

Der Nordpol eines Magneten stößt andere Nordpole ab und zieht Südpole an. Der Südpol eines Magneten stößt andere Südpole ab und zieht Nordpole an.

Einige wichtige Elemente

Kohlenstoff ist das Element, aus dessen vielfältigen Molekülen alle Lebewesen aufgebaut sind.
Gold ist ein weiches, glänzendes, seltenes und daher teures Metall.
Wasserstoff ist das leichteste und gleichzeitig das häufigste Element im Universum.
Eisen ist ein Metall, aus dem z. B. Stahl hergestellt wird. Die Erde besteht hauptsächlich aus Eisen.
Stickstoff ist das Gas, aus dem die Atmosphäre hauptsächlich besteht.
Sauerstoff ist das Gas in der Atmosphäre, das wir zum Atmen brauchen.
Silizium findet man in Gestein. Man stellt daraus Glas, Zement und viele andere Dinge her.
Uran ist ein Metall, das als Brennstoff in Kernkraftwerken verwendet wird.

Die Geschichte des Lebens auf der Erde

Vor 4,54 Milliarden Jahren: Die Erde entsteht.
Vor 3,8 Milliarden Jahren: Leben entsteht in den Ozeanen.
Vor 530 Millionen Jahren: Die ersten Fische entwickeln sich.
Vor 500 Millionen Jahren: erste Pflanzen und Tiere an Land
Vor 400 Millionen Jahren: die ersten Amphibien
Vor 310 Millionen Jahren: die ersten Reptilien
Vor 230 Millionen Jahren: die ersten Dinosaurier
Vor 210 Millionen Jahren: die ersten Säugetiere
Vor 150 Millionen Jahren: die ersten Vögel
Vor 65 Millionen Jahren: Die meisten Dinosaurier sterben aus.
Vor 190 000 Jahren: Der moderne Mensch entwickelt sich.

Die Planeten des Sonnensystems

Planet	Entfernung zur Sonne in Mio. km	Durchmesser in km	Masse im Vergleich zur Erde	Tageslänge	Jahreslänge
Merkur	57,9	4878	0,06	176 Erdtage	88 Erdtage
Venus	108,2	12 104	0,82	117 Erdtage	225 Erdtage
Erde	149,6	12 756	6000 Trillionen t	24 Stunden	365,24 Tage
Mars	227,9	6794,4	0,11	24 Stunden, 37 Minuten	687 Erdtage
Jupiter	778,4	142 984	318	9 Stunden, 55 Minuten	12 Erdenjahre
Saturn	1247	120 536	95	10 Stunden, 39 Minuten	29,5 Erdenjahre
Uranus	2871	51 118	15	17 Stunden, 14 Minuten	84 Erdenjahre
Neptun	4498	49 532	17	16 Stunden, 7 Minuten	265 Erdenjahre

Register

Dank und Bildnachweis

Der Verlag dankt Deborah Bloxham und Dan Albert vom Science Museum.
Der Verlag dankt darüber hinaus den folgenden Illustratoren:
Mike Atkinson, Julian Baker, Julian Baum, Mark Bergin, Peter Bull, Peter Dennis (Linda Rogers), Richard Draper, Michael Fisher, Chris Forsey, Terry Gabbey, Adam Hook (Linden Artists), Christian Hook, Tony Kenyon, Mike Lacey, Stuart Lafford (Linden Artists), Stephen Lings (Linden Artists), Chris Lyon, Patricia Ludlow, Kevin Maddison, Shane Marsh (Linden Artists), Damir Martin, Steve Noon, Chris Orr, Nicki Palin, Sebastian Quigley (Linden Artists), Mike Saunders, Rob Shone, Clive Spong, Treve Tamblin, Chris Turnball, Roger Ward, Steve Weston (Linden Artists), David Wright.

Illustrationen der Ideen-Ecken: Jo Moore
Es wurden alle Anstrengungen unternommen, die Künstler, deren Werke in diesem Buch abgedruckt sind, zu nennen.
Sollte ein Künstler nicht genannt sein, handelt es sich um ein Versehen und der Verlag bittet um Entschuldigung.
Gern werden wir ihn in zukünftigen Auflagen in den Dank aufnehmen.